Rüdiger Fröhlich/Christina Rath/Andreas Safft

Elf unfassbare Geschichten über den HSV

Zu diesem Buch

Wussten Sie, dass Uwe Seeler seinem HSV einmal doch untreu wurde? Oder dass die Hamburger tatsächlich mal auf die Deutsche Meisterschaft verzichtet haben? Kennen Sie Tull Harder vom HSV, den vielleicht besten Stürmer aller Zeiten? Erinnern Sie sich an den Sushi-Bomber und die „Invasion" von japanischen Reportern im Volksparkstadion? Kennen Sie die unglaubliche Geschichte von der Nackt-Po-Rutschbahn beim Hamburger SV? Oder die Story um den „Schweiger", der alle sieben HSV-Titel seit Gründung der Bundesliga gewonnen hat? Erinnern Sie sich noch an den Hoyzer-Skandal im DFB-Pokal? Oder an die legendäre Papierkugel? Kennen Sie die drei HSV-Weltmeister, die kaum jemand auf dem Zettel hat? Nein? Dann sollten Sie sich dieses kleine Büchlein mit elf unfassbaren Geschichten über den HSV nicht entgehen lassen...

Das Buch liefert zu den elf unglaublichen HSV-Stories interessante Statistiken sowie QR-Codes mit Video-Links, die das HSV-Buch zusätzlich „lebendig" machen.

Rüdiger Fröhlich/Christina Rath/
Andreas Safft

Elf unfassbare Geschichten über
den HSV

Bibliografische Information:
Die Deutsche Bibliothek verzeichnet diese Publikation in der Deutschen Nationalbiografie; detaillierte bibliografische Daten sind im Internet unter http://dnb.ddb.de abrufbar.

Oktober 2023
© 2023 Rüdiger Fröhlich/Christina Rath/Andreas Safft
Herstellung und Verlag:
BoD – Books on Demand, Norderstedt
Umschlaggestaltung: Rüdiger Fröhlich
Titelfoto: Peter Wiegel / Pixabay
Printed in Germany   ISBN 9783757891572

Inhaltsverzeichnis

Uwe Seeler wurde dem HSV einmal doch untreu

Von Andreas Safft

Als neunjähriger Steppke lief Uwe Seeler zum ersten Mal mit der Raute auf der Brust auf. Mit 35 verabschiedete sich „Uns Uwe" von seinem Hamburger SV – standesgemäß im Volksparkstadion mit einem Freundschaftsspiel gegen eine Weltauswahl. Vereinstreue hatte einen Namen, 26 Jahre lang: Uwe Seeler. 477 Pflichtspiele absolvierte er für die Hamburger im Herren-Bereich – doch da gab es tatsächlich eine 478. Partie, in der das Hamburger Idol im stolzen Alter von 41 Jahren doch einmal fremdgegangen ist. Und das offenbar, ohne es zu wissen.

Cork Celtic hieß der irische Club, den damals gewaltige Probleme plagten. Der Meister von 1974 war vier Jahre später so gut wie pleite und außerdem Schlusslicht in der League of Ireland. Was Seeler nicht wusste: In Irland war es den Clubs möglich, eine Gastspielerlaubnis für Profis zu erhalten.

Schon der legendäre nordirische Star George Best war für Cork dreimal aufgelaufen, ohne dort allerdings einen bleibenden Eindruck zu hinterlassen. Auch Geoff Hurst, englischer Weltmeister von 1966 und Schütze des Wembley-Tores im Finale, spielte insgesamt neunmal für

Cork, schoss dabei drei Tore. Über die Höhe der Auflaufprämien ist nichts bekannt. Nur für ein Pfund guter irischer Butter dürfte aber kein Profi den Weg in die Provinz angetreten sein.

Seeler verdiente nach dem Rücktritt aus der Bundesliga seine Brötchen beim Sportartikelhersteller Adidas, zu dessen Kunden auch die Iren gehörten. Der irische Adidas-Vertreter Michael O'Connell hatte den Hamburger um einen Auftritt gebeten, damit der notorisch klamme Verein ein paar Pfund verdienen kann. Gemeinsam mit seinem ehemaligen HSV-Mitspieler Franz-Josef Hönig reiste Seeler also zu einem vermeintlichen Benefizspiel von Cork gegen die Shamrock Rovers. „Das Spiel hatte etwas mit meinem Job zu tun", wusste Seeler im Vorfeld nur zu erzählen. Letztlich liefen er und seine Teamkameraden in Trikots mit einem riesigen Adidas-Logo, aber ohne Vereinswappen auf.

Keine tausend Zuschauer sollen an diesem 23. Mai 1978 Zeugen vor Ort gewesen sein, als der mittlerweile 41 Jahre alte Stürmer aus West Germany sein unvermindert vorhandenes Können demonstrierte. Er wunderte sich zwar, dass seine Gegenspieler äußerst hart einstiegen und überhaupt keine Freundschaftsspiel-Atmosphäre herrschte, markierte aber trotzdem zwei sehenswerte Tore. Erst traf er kurz nach der Pause mit einem fulminanten Schuss aus gut 16 Metern, dann nur zwei Minuten später per "acrobatic bicycle kick from the edge of the penalty area", wie der Reporter der „Irish Times" begeistert berichtete, also per Fallrückzieher vom Strafraumeck.

Es gibt keine Fotos von diesen Toren, erst recht keine Filmaufnahmen. Im Archiv der örtlichen Lokalzeitung Cork Examiner fanden sich lediglich zwei Bilder, auf denen der deutsche Gastspieler zu erkennen war: beim Schreiben von Autogrammen sowie bei einem Zweikampf mit einem gegnerischen Verteidiger. „Ageless", so heißt es in der Bildunterschrift, agierte der Deutsche in dieser Partie, alterslos. Der „Dicke", wie er von Mitspielern und Fans seit jeher liebevoll genannt wurde, hatte zwar noch ein paar Haare weniger auf dem Haupt als bei seinen letzten Auftritten in Hamburg, wirkte aber auf dem Aktionsfoto der Zeitung durchaus noch dynamisch. Zu dynamisch für seine Bewacher aus Shamrock.

Cork verlor trotz des Seeler-Doppelpacks 2:6 – am Ende einer wahrlich verkorksten Saison stieg der Ex-Meister ab und zog sich kurz darauf ganz vom Spielbetrieb zurück. Dabei versuchten die Iren sogar, Seeler für mehr als nur ein Spiel zu verpflichten. „Ich war wirklich zu alt, aber es war eine nette Erfahrung", berichtete der Kapitän des Vizeweltmeisters von 1966 später.

1966 hatte Seeler vor dem legendären Finale von Wembley dem englischen Kapitän Bobby Charlton die Hand geschüttelt und mit ihm Wimpel ausgetauscht. Kurioserweise landete auch Charlton Mitte der 1970er als Gastspieler in Irland, half im Spätherbst seiner Karriere dreimal bei Waterford FC aus. Wir dürfen davon ausgehen, dass Charlton im Gegensatz zu Seeler wusste, was er da tat.

Der Hamburger Jung erwähnte das irische Abenteuer in seiner Autobiographie nur in wenigen dürren Sätzen. Und auch die irischen Beobachter waren sich sicher, dass Seeler als eine typische „one-club legend" niemals bewusst für einen anderen Verein als für seinen HSV ein Pflichtspiel bestritten hätte. Inter Mailands Trainer Helenio Herrera wollte schon 1961 Millionen locker machen, und wahrlich keine Lire, sondern Deutsche Mark, um den Stürmer nach Italien zu locken. Der lehnte dankend ab. Und begründete diesen Schritt mit einem typischen Seeler-Satz: „Mehr als ein Steak am Tag kann man nicht essen."

Für Seeler war Irland also nur ein kleiner Ausrutscher. Für die Iren war Seeler hingegen ein Ereignis. „Die Shamrock Rovers haben exzellenten Fußball gespielt, aber Seelers zwei atemberaubende Tore werden lange in Erinnerung bleiben, wenn alles andere verblasst ist", prophezeite der „Cork Examiner". In Hamburg hat der Stürmer über Jahrzehnte einen bleibenden Eindruck hinterlassen. In einer irischen Stadt reichten dazu 90 Minuten.

Statistik zu Uwe Seeler:

Geboren: 5. November 1936 in Hamburg; † 21. Juli 2022 1995 in Norderstedt

72 Länderspiele (43 Tore)

476 Spiele (404 Tore) für den Hamburger SV, 1 Spiel für Cork City (2 Tore)

Größte Erfolge: Vize-Weltmeister 1966, WM-Dritter 1970, WM-Vierter 1958, Deutscher Meister 1960, Deutscher Pokalsieger 1963, Neunmal Norddeutscher Meister in Folge (1955 – 1963), Erster Torschützenkönig der Bundesliga 1963/64 (30 Tore)

ZDF-Video Terra X History „Uns Uwe Seeler – Deutschlands Fußballheld":

„Er kannte nur Vollgas": Ein Weltstar vom HSV mischt die Liga

Von Christina Rath

Lange dunkle Locken und ein gewinnendes Lächeln – das ist Kevin Keegan, als er 1977 vom Mersey an die Elbe zieht. Gewinnend ist nicht nur sein Lächeln: „Mighty Mouse" nennen seine Fans den knapp über 1,70 Meter großen Stürmer aus Armthorpe, der seine Fußballkarriere bei Scunthorpe United begonnen und anschließend sechs Jahre lang beim FC Liverpool gespielt hat. Seine Zeit in Anfield ist reich an Trophäen: Dreimal wird er Meister, zweimal UEFA-Cup-Sieger und er gewinnt den Europapokal der Landesmeister.

In Liverpool habe er damit alles erreicht, erinnert sich „King Kev" im „Guardian", er suche eine neue Herausforderung – deshalb wechselt der 26-Jährige für die damalige Rekordsumme von 2,3 Millionen Mark zum Hamburger SV. Eingefädelt hat das der damalige Generalmanager des Vereins, Dr. Peter Krohn.

Von 1977 bis 1980 spielt Keegan beim HSV und dort zeigte er bald, dass er ein Kämpfer und ein „brutal guter Fußballer" ist, wie sein damaliger Mitstreiter Horst Hrubesch ihm in einem Interview mit „HSVlive" bescheinigt. „Er kannte nur Vollgas." Während der drei Jahre beim HSV schießt er in 90 Bundesligaspielen 32 Tore und wird zwei Mal in Folge zu Europas Fußballer des Jahres gewählt. Vor allem aber wird Keegan 1979 mit dem HSV deutscher Meister – für den Hamburger Verein ist das der erste deutsche Meistertitel nach 19 Jahren und es ist richtig was los: 40.000 Menschen feiern Keegan und Co. auf dem Rathausmarkt.

Dabei hat die Hamburger Zeit von Joseph Kevin Keegan, wie er mit vollem Namen heißt, wahrlich nicht gut begonnen. Als „nightmarish", „alptraumhaft", bezeichnet er in seiner 2018 erschienenen Autobiographie seine ersten Monate in Hamburg. Er hat Probleme mit der Sprache, der Mannschaft, dem Trainer Rudi Gutendorf – es läuft nicht und er will weg.

Doch 1978 kommt die Wende: Günter Netzer wird Manager beim HSV und tut das Richtige: „Ich machte mir zur Aufgabe, mich Tag und Nacht um ihn zu kümmern, " schreibt er 2021 in einem Gastbeitrag bei der „Bild am Sonntag" zum 70. Geburtstag von Kevin Keegan. Er gibt aber rückblickend zu: „Den abwanderungswilligen Keegan doch noch zu überreden, weiterhin für den HSV zu spielen, war das Schwerste und Anstrengendste, was ich je in meinem Manager-Leben gemacht habe."

Und es klappt. Auch dank dem neuen Trainer Branco Zebec blüht Keegan auf – Hrubesch spricht von einer „Leistungsexplosion im zweiten Jahr" - und bleibt an der Elbe, trotz lukrativer Angebote aus Madrid und Barcelona. Die Fans liegen ihm zu Füßen, Eltern nennen ihre Jungs plötzlich Kevin und als „Bravo"-Starschnitt ziert der Liebling aller Schwiegermütter immer mehr Jugendzimmerwände. Und dann landet der langhaarige Fußballstar plötzlich in der Hitparade und lässt Herzen schmelzen. Liegt es daran, dass er am Valentinstag geboren wurde? Oder weil es ihm die Beatles Jahre zuvor vorgemacht haben, die ihre musikalischen Erfolge aus dem Liverpooler „Cavern Club" im Hamburger „Star Club" fortsetzten? Wie das weiterging, ist bekannt…

Jedenfalls wird Keegan zum Popstar. Chris Norman von der Band Smokie schreibt für ihn ein Lied mit eingängiger Melodie: Die Single "Head Over Heels In Love" landet im Sommer 1979 auf Platz zehn der deutschen Charts. Umso trauriger sind seine Fans, als Keegan schließlich 1980 mit seiner Familie und den beiden Bobtails Heidi und Oliver nach England zurückkehrt. Dort spielt er zunächst als Kicker beim FC Southampton und bei Newcastle United, später ist er Trainer bei Newcastle, Fulham und Manchester City. Er ist englischer Nationalspieler (63 Länderspiele) und für kurze Zeit auch -trainer. 1985 beendet Keegan seine aktive Fußballkarriere, als Trainer hört er 2008 auf.

Längst hat sich Keegan aus dem Rampenlicht zurückgezogen. Ehrungen und Lob gibt es auch danach noch: Die Fluggesellschaft Flybe International benennt ein Flugzeug nach ihm – seit 2008 fliegt „KKEV" jeden Tag die Strecke Newcastle – London. Zu seinem 70. Geburtstag im Jahr 2021 nennt Netzer ihn einen „herzensguten Menschen – und einen hundertprozentigen Profi". Und Hrubesch sagt im NDR-Interview: „Wenn es ihn nicht gegeben hätte, müsste man ihn erfinden."

Statistik zu Joseph Kevin Keegan:

Geboren: 14. Februar 1951 in Armthorpe (England)
63 Länderspiele für England (21 Tore)
124 Spiele (18 Tore) für Scunthorpe United , 230 Spiele (68 Tore) für den FC Liverpool, 90 Spiele (32 Tore) für den Hamburger SV, 68 Spiele (37 Tore) für den FC Southampton, 78 Spiele (48 Tore) für Newcastle United, 2 Spiele (1 Tor) für Black Town City FC
Größte Erfolge: Europapokalsieger der Landesmeister 1977, UEFA-Cup-Sieger 1973 und 1976, Englischer Meister 1973, 1976 und 1977, Englischer Pokalsieger 1976, Deutscher Meister 1979, „Europas Fußballer des Jahres" 1977 und 1978

Youtube-Video „Top 5 – die schönsten Tore von Kevin Keagan":

Oben ohne im offenen Cabrio mit HSV-Fahne – bei 0 Grad

Von Rüdiger Fröhlich

Irgendein Dezember-Tag Ende der 90er Jahre auf der A7: HSV-Pressesprecher Gerd Krall fährt bei Temperaturen um 0 Grad zu einem Fanklub des Hamburger SV an der dänischen Grenze. Regen und Wind peitschen ihm entgegen. Der HSV ist zu der Zeit auf dem Sprung zu den UEFA-Cup-Plätzen. Wie der Abend wohl verlaufen wird? Was werden die Fans fragen? Werden auch dänische HSV-Anhänger da sein? Plötzlich schaut Krall irritiert in den Rückspiegel. Irgendein verrückter Idiot rast im offenen Cabrio auf der Überholspur an ihm vorbei – mit freiem Oberkörper und HSV-Fahne in der Hand. „Wir haben die geilsten Fans der Bundesliga", denkt Krall. „Aber auch die durchgeknalltesten." Plötzlich schaut Gerd Krall entsetzt. Das ist gar kein Fan, sondern HSV-Profi Thomas Gravesen!

Der dänische Nationalspieler Gravensen spielte von 1998 bis zum Jahr 2000 für die Hamburger und galt als die „Humörbombe der Bundesliga". Über ihn gibt es zahlreiche Anekdoten, aber er war auch einer der Leistungsträger der Hamburger und wechselte später zum FC Everton, Real Madrid und zu den Glasgow Rangers. HSV-Trainer Frank Pagelsdorf duldete von seinen Spielern nur das „Sie" oder „Trainer". Thomas Gravesen sprach ihn aber grundsätzlich mit „Du, Trainer" an. Der Coach Frank Pagelsdorf duldete

dies offiziell aufgrund von Übersetzungsproblemen aus
dem Dänischen, insgeheim galt Gravesen aber als sein Liebling im Team und auch Pagelsdorf musste sich über seinen
defensiven Mittelfeldspieler immer wieder schlapp lachen.
Eine andere unglaubliche Geschichte von der „Humörbombe" kam erst später heraus. Bei zwei Einheiten am Tag
auf dem Trainingsgelände am Ochsenzoll in Norderstedt
gingen die meisten Spieler zu einem Italiener ins nahegelegene Herold-Center, auch das Trainerteam um Pagelsdorf
ging auswärts essen. Zwei HSV-Profis blieben aber heimlich
in der Kabine, einer von ihnen Thomas Gravesen. Der Däne
hatte sich einen Wettbewerb ausgedacht, der im deutschen Profi-Fußball seinesgleichen wohl für immer suchen
wird: „Nackt-Arsch-Rutschen" im langen Gang des Kabinentrakts. Von dem Gang gingen auch die Nassbereiche mit
Saunen, Duschen und Whirlpools ab. Zuerst wurde der
lange Gang mit Wasser geflutet, dann per Arschbomben in
die Whirlpools noch mehr Wasser auf den Gang gespült.
Um noch schneller zu werden, wurde reichlich Duschgel in
den gefluteten Flur reingemischt. Die HSV-Rutschbahn war
fertig, es folgte der Wettkampf – und zwar nackt. Wer auf
der Rutschbahn auf nacktem Hintern weiter kam, hatte gewonnen. Ein Heidenspaß für Thomas Gravesen und seinen
unbekannten HSV-Mit-Nackt-Rutscher! Leider kam Frank
Pagelsdorf früher vom Essen wieder und der spektakuläre
Wettkampf musste ohne Entscheidung abgebrochen werden. Gravesen und sein Mitspieler mussten alles aufräumen und komplett sauber machen, was sie auch gründlich
taten. Alle HSV-Spieler und das Trainerteam bekamen das

mit, bis auf das Reinemachen gab es aber keinerlei Strafe. Die lustige Gravesen-Geschichte kam damals nicht an die Öffentlichkeit, erst viel später erfuhren einige HSV-Reporter davon.

„Charakterköpfe wie Gravesen sterben im Fußball aus. Denn man lässt sie nicht mehr zu", sagte Ex-HSV-Torwart Richard Golz kürzlich in einem Interview: „Es ist Journalisten kaum mehr möglich, an Spieler heranzukommen und von ihnen echte Zitate zu erhalten. Es schließt sich doch aus, dass Spieler nichts mehr ungefiltert sagen dürfen, von ihnen jedoch verlangt wird, eine eigene Meinung zu haben." Golz hatte 1997/98 eine Saison zusammen mit Gravesen gespielt. Er glaubt, dass Gravesen und Pagelsdorf damals richtig lagen und heute die Chefs und Marketing-Experten der Profi-Klubs eher auf dem Holzweg sind. „Die Vereine müssen sich darüber bewusst werden, dass, wenn sie nur noch eigenen Content produzieren und die Spieler sich nur noch über vereinseigene Kanäle äußern, das überhaupt nicht glaubwürdig wirkt."

Auf dem Platz war Gravesen als harter Kämpfer gefürchtet. Obwohl der Mittelfeldspieler mit der Glatze technisch nie besonders glänzte, spielte er sich durch seinen großen Einsatz und seinen eisernen Willen in die Herzen der Fans vom HSV, FC Everton und Celtic Glasgow. Auch der Wechsel 2005 zu Real Madrid war sinnvoll, da den Stars um David Beckham, Luís Figo oder Ronaldo ein kampfstarker Sechser fehlte. Der Däne, der in der Winterpause für vier Millionen Euro vom FC Everton kam, wurde auch bei den Königlichen sofort Stammspieler. In der Saison 05/06 bestritt Gravesen insgesamt 29 Spiele für Real. Die spanischen Medien verspotteten Gravesen jedoch wegen seiner häufig brutalen Spielweise. Der TV-Sender Cuatro präsentierte mit „El Mundo de Gravesen" sogar eine eigene Comedy-Serie für ihn. Im Sommer 2006 geriet Thomas Gravesen dann im Training mit Real-Star Robinho aneinander, er wurde aus dem Kader aussortiert und wechselte zu Celtic Glasgow.

Für die dänische Nationalmannschaft spielte Thomas Gravesen bei der WM 2002 sowie bei der Europameisterschaft 2000 und 2004. Er bestritt von 1998 bis 2006 insgesamt 66 Spiele und erzielte dabei fünf Tore für Dänemark.

Nach seiner aktiven Karriere investierte Gravesen laut dänischen Medien Geld in verschiedene Firmen und machte so einen Gewinn von sagenhaften 100 Millionen Euro. Was macht eine „Humörbombe" mit so viel Geld? Viva Las Vegas! Der lustige Däne zog mit seiner Model-Freundin Kamila Persse in die USA, um Pokerspieler zu werden. Seine neuen Nachbarn hießen Steffi Graf und Nicolas Cage. Thomas Gravesen soll beim Poker extrem riskant gespielt – und dabei leider kein goldenes Händchen gehabt haben. Über einen längeren Zeitraum soll er über 50 Millionen Euro am Pokertisch in Las Vegas verloren haben.

Neben Thomas Gravesen gab es zu seiner HSV-Zeit übrigens einen weiteren Autonarren, der schnelle Wagen liebte. Linksverteidiger Bernd Hollerbach raste mal in seinem Porsche von Kiel nach Hamburg mit 260 Sachen über die Autobahn. Auf einmal wurde er leicht und locker von einem Motorradfahrer mit Badelatschen und kurzer Hose überholt, der dazu noch trotz des irren Tempos freundlich gegrüßt hat. Später sah Hollerbach das Moped auf dem HSV-Parkplatz vor dem Trainingsgelände am Ochsenzoll. Raten Sie mal, wem es gehört hat?

Statistik zu Thomas Gravesen:

Geboren: 11. März 1976 in Vejle
66 Länderspiele (5 Tore)
108 Spiele in der Premier League (11 Tore)
74 Bundesligaspiele (6 Tore)
34 Spiele in der Primera Division (1 Tor)
18 Spiele in der Scottish Premier League (6 Tore)
Größter Erfolg: Schottischer Meister 2007
Vereine: Vejle BK (1994-97), Hamburger SV (1997-2000), FC Everton (2000-05), Real Madrid (2005-06), Celtic Glasgow (2006-08), FC Everton (2008-09)

Youtube-Video „Thomas Gravesen – Hummel,Hummel! Mors, Mors!":

Als der HSV aus dem Pokal rausgehoyzert wurde

Von Andreas Safft

HSV und DFB-Pokal – zwei Begriffe, die nicht unbedingt zusammenpassen. Ernst Happel coachte die Hamburger noch, als sie zum bisher letzten Mal die Trophäe in den Berliner Abendhimmel stemmen durften. 1987 war das - Dietmar Beiersdorfer und Manfred Kaltz sowie Niels Schlotterbeck per Eigentor sorgten für die Hamburger Treffer zum 3:1 gegen den Zweitligisten Stuttgarter Kickers.

Ältere Hamburger Fans erinnern sich an diesen Tag sicher voller Wehmut, denn das war das Ende der fetten Jahre mit Titeln bis hin zum Europacup der Landesmeister. Viele denken beim Stichwort HSV und DFB-Pokal aber nicht an Stuttgart, sondern an zwei Kleinstädte in Baden-Württemberg: Eppingen und Geislingen. 1974 schied der HSV als Bundesliga-Tabellenführer mit 1:2 beim VfB Eppingen aus. „Hier ist der Gegner offensichtlich unterschätzt worden", stellte Clubpräsident Dr. Peter Krohn per Ferndiagnose süffisant fest – er hatte das Erstrundenspiel wegen des parallel laufenden DFB-Bundestags verpasst.

Zehn Jahre später kassierte der HSV gar ein 0:2 beim SC Geislingen. „Mein Kompliment, Geislingen hat den Sieg verdient", musste Happel anerkennen. Manfred Kaltz stand bei beiden Pleiten auf dem Platz, immerhin aber auch beim Finalsieg gegen die Stuttgarter Kickers.

Die alten Stars gingen allmählich in Rente, neue Generationen versuchten sich beim HSV. Doch irgendwie hatte sich das Pokalverlierer-Gen vererbt. Regelmäßig schied der HSV frühzeitig gegen unterklassige Teams aus, 2018 setzte es zum Beispiel ein 1:3 gegen den Drittligisten VfL Osnabrück, 2021 gar ein 1:4 gegen Dynamo Dresden, damals ebenfalls in der 3. Liga zu Hause. Sensation schrie da niemand mehr, denn solche Blamagen gehörte seit Jahrzehnten zur Normalität beim HSV wie der Fischmarkt zu Hamburg.

Gänzlich unnormal ging es nur am 21. August 2004 zu, als die Hamburger im Hermann-Löns-Stadion des SC Paderborn mit 2:4 verloren. Die Gäste führten beim Regionalligisten nach einer halben Stunde mit 2:0 durch Tore von Christian Rahn und Emile Mpenza, schienen alles im Griff zu haben. Doch dann übernahm ein Herr in Gelb namens Robert Hoyzer die Hauptrolle.

Hoyzer war damals kurz vor seinem 25. Geburtstag ein aufstrebender Schiedsrichter, der an der Tür zur Bundesliga anklopfte. Er hatte im Café King in seiner Heimat Berlin aber auch falsche Freunde kennengelernt, Freunde aus der kroatischen Wettmafia wie Ante Sapina. Bereits seit Mai 2004 manipulierte er mit mehr oder weniger Erfolg die ersten Spiele im Auftrag von Sapina. Für 67.000 Euro und einen Plasma-Fernseher spielte Hoyzer Schicksal an diesem Nachmittag in Paderborn.

„Meine Geldgier hat alles kaputtgemacht", sagte der Schiedsrichter später. 778.502,10 Euro Wettgewinn kassierten Ante Sapina und sein Bruder Filip für den Paderborner Sieg, 175 Wettscheine hatten sie im Vorfeld ausgefüllt und abgegeben. Am Abend nach dem Spiel wurde der Coup im Café King gefeiert – Hoyzer war auch vor Ort.

„Ich habe das nie wieder vorher und nie wieder nachher bei einem Spiel gedacht. Aber damals wurde jede Aktion bewusst gegen uns gepfiffen. Das war unglaublich", erinnerte sich HSV-Trainer Toppmöller an jenes Spiel. Hoyzer behandelte die Hamburger von oben herab, was ihm dank seiner 1,98 Meter Körpergröße buchstäblich nicht schwer fiel. „Es gab schon in der Halbzeitpause ein Gemunkel. Irgendwas läuft hier, irgendwas ist komisch", schilderte der Hamburger Defensivspieler Bastian Reinhardt seine Eindrücke: „Es gab nach einem Freistoß einen Elfmeter gegen uns. Warum, weiß ich bis heute nicht."

Den ersten Strafstoß verhängte Hoyzer in der 35. Spielminute nach einem „Foul" am Paderborner Kapitän Thijs Waterink. Der Niederländer markierte nicht zufällig den sterbenden Schwan im Hamburger Strafraum – er hatte 10.000 Euro dafür erhalten, „um Situationen zu schaffen, die es dem Schiedsrichter erleichtern, einen Elfmeter für Paderborn zu verhängen", wie es später im besten DFB-Deutsch erklärt wurde.

Guido Spork verwandelte zum 1:2, und Mpenza verlor auf dem Weg zum Wiederanstoß die Nerven. „Arschloch", schimpft er in Richtung des Schiedsrichters. Hoyzer zeigte sofort die Rote Karte. „Das kam mir sehr gelegen, war aber gerechtfertigt", räumte der „Unparteiische" später ein. Immerhin: Aufgrund der Umstände kam Mpenza wenigstens um eine Sperre herum. Das nächste HSV-Pokalspiel – ein Jahr später ausgerechnet gegen die Stuttgarter Kickers – versäumte er ganz profan wegen einer Schienbeinverletzung.

Mit einem Mann mehr auf dem Platz bekam Paderborn im strömenden Regen allmählich Oberwasser, zumal Hoyzer mehr oder weniger unauffällig mithalf, wo er nur konnte. Allerdings stellten sich auch die Gäste in einigen Szenen rechts dusselig an, zum Beispiel Daniel Van Buyten, der das 3:2 für Paderborn praktisch vorlegte.

Den Deckel drauf machte erneut Spork mit seinem zweiten Elfmetertor. Vorangegangen war eine Schwalbe von Alexander Löbe, der schon deutlich vor einem leichten Kontakt mit Reinhardt wie vom Blitz getroffen zu Boden sank. „Löbe grinst sich hier innerlich einen", bewertete der ARD-Moderator Jürgen Bergener in der „Sportschau" diese schauspielerische Leistung, nahm aber im nächsten Satz den Schiedsrichter in Schutz: "Robert Hoyzer, 24 Jahre alt, schwierige Angelegenheit für ihn."

Bundesliga-Schiedsrichter Manuel Gräfe wurde dagegen sehr schnell misstrauisch, als er die Höhepunkte des Spiels im Fernsehen sah. "Der zweite Elfmeter war so schräg, er passte nicht zu Robert und seiner Klasse", meinte Gräfe. Er sammelte mit anderen Berliner Schiedsrichtern monatelang weitere Indizien, was nicht sonderlich schwer war. Hoyzer und sein Kollege Dominik Marks sollen Dutzende Spiele in der 2. Bundesliga und Regionalliga verschoben haben, keines machte aber solche Schlagzeilen wie die Pokalfarce von Paderborn.

Am Ende gab es viele Verlierer in diesem Spiel: Hoyzer gab fünf Monate später zu, dass er neben diesem Pokalspiel auch Partien in der 2. Bundesliga und Regionalliga verschoben hatte. Er wurde wegen banden- und gewerbsmäßigen Betrugs zu einer Haftstrafe von zwei Jahren und fünf Monaten ohne Bewährung verurteilt, nach der Hälfte der Zeit kam er wieder frei. Der DFB sperrte ihn zudem lebenslang und einigte sich mit Hoyzer auf eine Zahlung von 126.000 Euro Schadenersatz. Sechs Jahre später durfte er zumindest wieder als Spieler auf Amateurebene mitkicken.

Bittere Folgen hatte die Pleite auch für Toppmöller. „Heute hat sich alles gegen uns verschworen", meinte der Trainer direkt nach dem Spiel in den Katakomben des Stadions, während sich die Profis draußen beschimpfen lassen mussten. Der HSV war zuvor schon schwach in die Bundesliga gestartet, fiel bis ans Tabellenende zurück.

Der Trainer musste im Oktober gehen – und bekam danach keine Chance mehr in der Bundesliga. Seine großen Erfolge zuvor mit dem VfL Bochum und Bayer Leverkusen waren plötzlich vergessen. „Bis heute hat sich niemand bei mir entschuldigt, weder Hoyzer, noch der DFB, noch der Schiedsrichterlehrwart Eugen Strigel", sagte der Trainer einige Zeit nach der Aufdeckung des Skandals.

Sapina musste sogar für zwei Jahre und elf Monate ins Gefängnis, wurde nach dem internationalen Wettskandal von 2009 zu fünf Jahren verurteilt. Das Café King erwarb sich einen zweifelhaften Ruf als Sehenswürdigkeit in Charlottenburg, schloss aber 2014 endgültig seine Pforten. Letztmals war es an dem Abend geöffnet, als Deutschland durch ein 1:0 gegen Argentinien Weltmeister wurde. Waterink, der für seine Schwalbe bezahlte Niederländer, wurde für den Rest der Saison gesperrt und kickte danach noch einige Jahre in seiner Heimat.

Bald nach Hoyzers Geständnis Ende Januar 2005 stellte sich die Frage nach einer Entschädigung für die Hamburger. Eine Wiederholung der Partie in Paderborn war laut DFB nicht möglich, da inzwischen die Viertelfinalpartien feststanden und auch Paderborn schon ausgeschieden war. Die Hamburger forderten zumindest eine Entschädigung. „So hoch musste die ja nicht ausfallen, wenn man an das Abschneiden des HSV im Pokal denkt", lästerte der damals Geschäftsführende DFB-Präsident Dr. Theo Zwanziger.

Letztlich einigte man sich darauf, dass die Einnahmen eines Länderspiels in Hamburg plus weitere 500.000 Euro an den Verein fließen sollten. Knapp ein Jahr vor der Heim-WM gab sich der Verband alle Mühe, die Affäre klein zu halten. Einige Maßnahmen wurden aber schnell beschlossen, etwa ein Wettverbot für Schiedsrichter, Spieler und Funktionäre, die Einführung eines Frühwarnsystems, eine verstärkte Beobachtung von Schiedsrichtertalenten sowie die Möglichkeit, kurzfristig Ansetzungen von Partien zu tauschen.

"Hoyzern" wurde nebenbei zum geflügelten Begriff für fragliche Schiedsrichterleistungen und belegte bei der Wahl zum deutschen Wort des Jahres 2005 den siebten Platz. Und wenn in den folgenden Monaten und Jahren ein Spieler dem Schiedsrichter „Hoyzern" vorwarf, dann bekam er die Rote Karte zu Gesicht. Ganz ohne Bestechungsgelder.

Statistik zum Skandal-Pokalspiel SC Paderborn gegen den HSV 4:2:

SC Paderborn
Loboué - Becker, Waterink, Bollmann, Krösche - M. Lo-
renz, Cartus, Spork, Schüßler - Löbe, R. Müller

Trainer: Dotchev Pavel

Hamburger SV
Pieckenhagen - Wicky, van Buy-
ten, Reinhardt, Beinlich - Barbarez, Mahdavikia, Jarolim, Rahn - Mpenza,
Lauth

Trainer: Klaus Toppmöller

Tore: 0:1 Christian Rahn (13.), 0:2 Emile Mpenza (30.), 1:2 Guido Spork
(36./Foulelfmeter), 2:2 René Müller (41.), 3:2 Daniel Cartus (63.), 4:2
Guido Spork (82,/Foulelfmeter)
Besondere Vorkommnisse: Rote Karte Emile Mpenza (36.)

Schiedsrichter: Robert Hoyzer (Berlin)
Stadion: Hermann-Löns-Stadion, Paderborn
Zuschauer: 7.027
Datum: 21. August 2004

Spiegel-Video „Wie Robert Hoyzer den HSV verpfiff":

27

„Der Schweiger" hat alle sieben HSV-Titel seit Gründung der Bundesliga gewonnen

Von Rüdiger Fröhlich

Wissen Sie, wer die meisten Elfmeter in der Bundesliga-Geschichte verwandelt hat? Kennen Sie den wohl besten Außenverteidiger aus dem letzten Jahrhundert? Oder den Spieler, dessen Flankenart sogar in einem eigenen Wikipedia-Eintrag geehrt wurde? Nein? Wissen Sie, wer der Rekordkicker des Hamburger SV ist?

Sie denken an mehrere Spieler? An Uwe Seeler? Oder an Kevin Keegan? An Georg Volkert? „Er ist der erfolgreichste HSV-Spieler aller Zeiten", sagte zuletzt Felix Magath über diesen Ausnahmefußballer in der Hamburger Morgenpost. „Ich glaube auch, was er mit dem HSV alles gewonnen hat, wird für immer einzigartig bleiben." HSV-Torjäger Horst Hrubesch erklärt das Phänomen dieser Hamburger Fußball-Legende kurz und knapp: „Manni Banane, ich Kopf – Tor!"

Manfred Kaltz machte von 1971 bis 1991 sagenhafte 740 Spiele für den Hamburger SV, alleine 581 in der Bundesliga (Platz zwei in der ewigen Rangliste nach Frankfurts Charly Körbel). Der wohl beste Außenverteidiger des letzten Jahrhunderts holte dabei gleich sieben Titel mit den

Hamburgern – und damit alle seit Gründung der Bundesliga. 1983 wurde Kaltz mit dem HSV Europapokalsieger der Landesmeister, 1977 Europapokalsieger der Pokalsieger. 1979, 1982 und 1983 holte der Verteidiger mit dem Spitznamen „Der Schweiger" die Deutsche Meisterschaft. „Unser 4:3-Sieg beim FC Bayern in der Saison 1981/82 war das spannendste Spiel meiner Karriere", schwärmte Manfred Kaltz über den Titelgewinn 1982. In dieser Saison erzielte Kaltz neun Treffer für den HSV, insgesamt schoss er als Außenverteidiger sensationelle 76 Bundesliga-Tore. Zudem stehen für Manfred Kaltz die Pokalsiege 1976 und 1987 auf seiner persönlichen Titel-Liste – unvergessen sein flach gespieltes Bananen-Schlenzer-Tor per Freistoß von der rechten Seite im DFB-Pokalfinale 87 gegen die Stuttgarter Kickers in der 88. Minute (Tor des Monats Juni 1987).

Der bescheidene und wortkarge Kaltz machte nie viel Rummel um seine Erfolge. Auch auf überschwänglichen Jubel reagierte der Außenverteidiger meist gelassen und kurz angebunden. In Hamburg nannten sie den Weltklassespieler daher „Der Denker" oder „Der Schweiger". In Interviews antworte Kaltz gerne mit Gegenfragen und ließ kritische Reporter damit öfter ins Leere laufen: „Ist das so?", fragte Kaltz dann oder „Hat er das?" oder „Stimmt das denn so?". Wenn Journalisten ein Porträt oder eine größere 200-Zeilen-Geschichte über den rechten HSV-Verteidiger schreiben wollten, erklärte dieser nur: „Ein Bericht über mich? Wer will das denn lesen?"

Manfred Kaltz wurde am 6. Januar 1953 in Ludwigshafen am Rhein geboren und ist in Neuhofen in der Pfalz aufgewachsen. Er begann mit 11 Jahren beim VfL Neuhofen mit dem Fußballspielen und durchlief alle Jugendmannschaften des DFB. Im Sommer 1970 wird der Teenager mit dem TUS Altrip, zu dem er in der Jugend gewechselt war, überraschend deutscher A-Jugend-Vizemeister. Mit einem alten, verrosteten Volkswagen düste der damals 18-Jährige danach 585 Kilometer über die A7 nach Hamburg, um gemeinsam mit seinem Jugendtrainer Gerhard Heid einen Vertrag beim HSV zu unterschreiben – sehr zum Ärger des TUS Altrip. Zunächst spielte Kaltz, der in Neuhofen eine Ausbildung zum Maschinenschlosser abgeschlossen hatte, noch ein Jahr für die A-Jugend der Hanseaten, ehe er am 21. August 1971 sein erstes Bundesligaspiel für den HSV beim 1:1 gegen Borussia Dortmund machte, noch mit HSV-Legenden wie Uwe Seeler, Willi Schultz und Georg Volkert.

Mit der Nationalmannschaft wird Manni Kaltz 1980 Europameister, die beiden Tore beim 2:1-Finalsieg gegen Belgien erzielte Horst Hrubesch. 1982 scheitert Kaltz mit Deutschland im WM-Finale in Madrid mit 1:3 an Italien und wird Vize-Weltmeister. Sein DFB-Debüt feierte Kaltz am 3. September 1975 beim 2:0-Sieg gegen Österreich. Insgesamt absolvierte er 69 Spiele für die deutsche Nationalelf. Im Jahr 1977 trat Kaltz in der Nationalmannschaft das schwere Erbe von Franz Beckenbauer als Libero an. Bundestrainer Helmut Schön lobte den Einstand von Kaltz auf der Libero-Position als „hervorragend". Antwort vom HSV-

Mann: „Wenn Sie meinen." Sein Spitzname bei der DFB-Elf war übrigens „Der Schwätzer" – ein Spaß natürlich. „Reden tut er nicht viel, aber Zuhören kann es sehr gut", sagten sie über ihn. Wenn er selbst auf seine stille Art angesprochen wurde, erklärte Kaltz nur: „Ich werde fürs Fußballspielen bezahlt – nicht fürs Reden."

Manfred Kaltz ist auch in einem eigenen Wikipedia-Eintrag bezüglich seiner einzigartigen Flankentechnik verewigt worden. „Als Bananenflanke bezeichnet man im Sprachgebrauch des Fußballs eine Flanke vor das gegnerische Tor mit stark gekrümmter Flugbahn. Dafür wird der Ball aus dem Spiel heraus mit Effet getreten, so dass seine Flugkurve der Krümmung einer Banane ähnelt", heißt es in der Online-Enzyklopädie. Kaltz' Bananenflanken erreichten beim HSV meist nicht nur den Kopf seines Torjägers Horst Hrubesch, sondern auch in ganz Deutschland und der gesamten Fußball-Welt einen Kultstatus. Kaltz erklärte zu dem einmaligen Duo Kaltz/Hrubesch nur: „Auf dem Platz und danach ist bei uns alles Banane." Bei Wikipedia heißt es, dass der frühere brasilianische Spitzenfußballer Arthur Friedenreich (Sao Paulo) als Erfinder der „Bananenflanken" gelte. Er spielte den Ball auch mit genial stark gekrümmter Flugbahn, allerdings mit dem Innenspann. Die DFB-Trainer am legendären Stützpunkt Malente in Schleswig-Holstein schwärmten ebenfalls von der sensationellen Flankentechnik von Manfred Kaltz, vertraten aber die Ansicht, dass Kaltz der wahre Erfinder der Bananenflanken sei. Grund: Kaltz haute die Bälle mit der Innenseite rein, nicht mit dem

Innenspann wie die allgemeine Fußball-Schule dies eigentlich vorsah. Dies sei eine Fußball-Revolution von Manfred Kaltz gewesen, da man normalerweise den Ball mit dem Innenspann voll treffen müsse und daher vor dem Flankenball einen kleinen Extra-Bogen nach außen laufen müsse. „Manni schnippt den Ball aber einfach per Innenseite rein, total bahnbrechend", erklärten die DFB-Fußball-Lehrer in Malente. Böse Zungen behaupteten allerdings, dass diese Genialität auch an seiner Faulheit gelegen haben könnte, da er sich dann den Extra-Bogen vor der Flanke einfach sparen wollte...

53 Strafstöße hat Manfred Kaltz in der Bundesliga verwandelt – bis heute Rekord in der deutschen Elite-Liga. Allerdings gab es trotz der vielen Erfolge auch einige Pleiten, die ebenfalls mit dem Namen des großartigen HSV-Verteidigers in Verbindung stehen. So verantwortete Kaltz auch die „Schande von Gijon" oder die „Schmach von Cordoba" zumindest mit. Auch bei der Liste der meisten Eigentore in der Bundesliga hält Manfred Kaltz den Rekord, zusammen mit Nikolce Noveski von Mainz 05 traf er sechs Mal ins eigene Netz.

1989 wechselte Kaltz zu Girondins Bordeaux, machte ein Spiel, und ging dann zum FC Mulhouse. In der League 1 absolvierte er 13 Spiele und schoss ein Tor. 1990 kehrte er zum HSV zurück. Bei den Hamburgern lief es die Saison zuvor ohne Kaltz nicht so gut, der HSV wurde nur Elfter. In seiner letzten Bundesliga-Spielzeit wurde der rechte Außenverteidiger dann mit seinem HSV Fünfter, die

Hamburger qualifizierten sich für den Uefa-Pokal und Kaltz beendete mit 38 Jahren seine Karriere. Trotz seiner großen Verdienste für den HSV gab es kein Abschiedsspiel für ihn, angeblich wegen des schlechten Verhältnis zum damaligen HSV-Präsidenten Jürgen Hunke. Vor seinem letzten Spiel gegen den KSC im Juni 1991 erhielt Kaltz eine Aktennotiz, dass er „nach Rücksprache mit Trainer Schock nicht im Kader ist". Am Freitag hieß es dann plötzlich vom HSV-Manager Volkert am Telefon: „Du bist doch im Kader". So wurde selbst das letzte normale Spiel zu einem unwürdigen Ende einer großen Karriere, Kaltz sagte ab. Es kam sogar zum Eklat: Der HSV wollte ihm eine 5.000 Mark-Strafe aufbrummen, Kaltz drohte den Hamburgern mit seinem Anwalt. „Nach 20 Jahren hätte ich gerne zum Abschied gespielt. Aber so, wie es wohl das Mindeste gewesen wäre: Eine Halbzeit, und dann zehn Minuten vor Schluss raus. Aber das wollte der Trainer nicht – obwohl für uns schon alles gelaufen war", sagte Manfred Kaltz damals dem Hamburger Abendblatt. „Ich bedaure die Fans, die vergeblich auf mich gewartet haben."

Und wie geht es Manfred Kaltz heute? „Gesundheitlich bin ich in Bestform", erklärte der Verteidiger zuletzt anlässlich seines 70. Geburtstags. Fit hält er sich mit Golf, ab und zu spielt Kaltz aber auch noch Fußball. Nach seiner aktiven Karriere arbeitete er als Vertriebsdirektor, Immobilienmakler, Vermögensberater und für ein Reha-Zentrum. „Ich schaue mir nur noch selten Spiele im Stadion oder im Fernsehen an", erklärte Kaltz in einem der vielen

Interviews. Die Entwicklung, dass im Sport alles immer höher und weiter gehe, missfalle ihm. „Wenn man heute diese Ablösesummen liest, ist das doch einfach Wahnsinn." Zu seinem 70. Ehrentag im Januar 2023 wurden in den Zeitungen nochmals große Berichte über „einen der größten HSVer" abgedruckt. „Beim HSV müsste Manfred Kaltz angesichts seiner Titelsammlung eigentlich gleich hinter Uwe Seeler rangieren", schrieb der „Kicker". Der DFB ehrte ihn auf seiner Internetseite als den „König der Bananenflanken". Das Fußballmagazin „11 Freunde" machte im Netz eine große Fotostrecke über Manfred Kaltz. Der Titel war passend für den stillen und wortkargen HSV-Verteidiger: „Manni, Manni, Manni."

Statistik zu Manfred Kaltz:

Geboren am 6. Januar 1953 in Ludwigshafen am Rhein
69 Länderspiele (9 Tore)
581 Bundesligaspiele (76 Tore)
13 Spiele Ligue 1/Frankreich (1 Tor)
Größte Erfolge: Europameister 1980 (Deutschland), Vize-Weltmeister 1982 (Deutschland), Europapokal der Landesmeister 1983 (Hamburger SV), Europapokal der Pokalsieger 1977 (Hamburger SV), Deutscher Meister 1979, 1982 und 1983 (Hamburger SV) und Deutscher Pokalsieger 1976 und 1987 (Hamburger SV)

Youtube-Video „Pokalfinale 1987 HSV – Stuttgarter Kickers 3:1":

Der Sushi-Bomber und die Invasion japanischer TV-Reporter im Volkspark

Von Andreas Safft

Was der HSV in Hamburg ist, möchte der OSV in Japan erst noch werden. OSV – da denken deutsche Fußballexperten an den Kurzzeit-Zweitligisten OSV Hannover. Doch in Japan steht dieses Kürzel für Okinawa Sport-Verein. Und zwar tatsächlich in Deutsch geschrieben. Dafür hat ein Mann gesorgt, der einst japanische Schriftzeichen im Volkspark sprießen ließ: Naohiro Takahara.

Der Stürmer war beileibe nicht der erste Japaner in der Bundesliga. Diese Ehre hatte Yasuhiko Okudera der schon 1977 als unbeschriebenes Blatt zum 1. FC Köln kam, unter Trainer Hennes Weisweiler gleich den Sprung in die Stammelf schaffte und mit dem FC auf Anhieb Meisterschaft und Pokal gewann. Es folgte Kazuo Ozaki, der es ab 1983 auf fünf Jahre bei Arminia Bielefeld und eine leidlich durchwachsene Saison beim FC St. Pauli brachte. Und dann kam lange Zeit nichts aus dem Reich der Mitte.

Bis Takahara. Ende 2002 beim HSV eintraf. Der hatte nach einer Verletzung von Bernardo Romeo große Sturmprobleme. Trainer Kurt Jara ließ Takahara, den damals amtierenden Torschützenkönig der J-League, aus Osaka zum Probetraining einfliegen und war schnell überzeugt: "Dies ist eine Art verfrühtes Weihnachtsgeschenk."

Das galt aber nicht nur für die Mannschaft, sondern auch für die Marketing-Abteilung. Japan war eh fußballverrückt, dieses Fieber steigerte sich durch die Weltmeisterschaft 2002 im eigenen Land (jedenfalls zur Hälfte) gewaltig. „Taka" hatte die WM wegen einer Lungenembolie verpasst, gehörte vor und nach dem Turnier zum Stamm der Japaner. Bei seiner Verpflichtung dachte er gleich an die WM 2006 in Deutschland: "Dort will ich hin. Mit meinem Heimatland zur WM in mein aktuelles Zuhause!"

Wie auch immer, zusammen mit Takahara erschienen plötzlich auch Heerscharen von japanischen Journalistinnen und Journalisten in Hamburg. Der HSV wurde auf einen Schlag in Asien bekannt. Rund um die Pressetribünen erschienen unter den Wegweisern in Deutsch und Englisch auch Hinweise auf Japanisch. Es hätte nur noch gefehlt, dass in der Halbzeitpause neben Bockwurst auch Sushi für die schreibende Zunft ausgeschenkt worden wäre.

„Sushi-Bomber", den Spitznamen hatte Takahara zumindest in Deutschland schnell weg. Anders als in seiner Heimat entwickelte sich der Angreifer aber eher zum Vorbereiter und nicht zur Tormaschine. In seinen ersten beiden Einsätzen fiel er nicht sonderlich auf, für das 2:2 in Hannover und den 1:0-Sieg gegen Werder sorgten andere. Doch dann folgte der 20. Spieltag, das Gastspiel beim souveränen Spitzenreiter Bayern München, der nach einem 8:0 im DFB-Pokal gegen Köln besonders breitbeinig in die Partie ging.

Dazu hatten die Bayern zwischen den Pfosten einen gewissen Oliver Kahn, der in dieser Partie einen ewigen Bundesliga-Rekord knacken sollte – 803 Spielminuten am Stück blieb der Titan ohne Gegentor. Eine Marke, die der Stuttgarter Timo Hildebrand allerdings noch in der gleichen Serie verbessern sollte. Kahn verbrachte sogar einen relativ ruhigen Abend, die Bayern hätten deutlich höher als nur 1:0 führen müssen. Bis Takahara in der Nachspielzeit eine Flanke von Mehdi Mahdavikia per Kopf verwertete und für Begeisterungsstürme von Hamburg bis Osaka sorgte.

„Mein erstes Bundesligator ist wie ein Traum, und dann auch noch gegen Kahn", schwärmte Takahara. Denn der Torwart der deutschen Nationalmannschaft hatte bei der Weltmeisterschaft in Japan und Südkorea mit seinen unzähligen Weltklasseparaden einen großen Eindruck hinterlassen und galt als Werbeikone, die einfach jeder kannte. Nun kannte jeder erst recht Takahara und den HSV, der Millionen Fans hinzugewann. Die hießen damals noch nicht Follower –doch Trikots und sonstigen Schnickschnack mit der Raute kauften die trotzdem gern.

Doch er sollte auch andere Momente in Hamburg erleben. Nur acht Wochen nach seinem Debüttor lief Takahara im Heimspiel gegen Arminia Bielefeld auf das leere Tor zu und schaffte es, den Ball links am Pfosten vorbeizuschieben. *„In dem Moment, als ich den Torhüter ausgespielt habe und aufs Tor schießen wollte, versprang der Ball und prallte* *an mein Schienbein. Als ich nach dem Spiel nach Hause kam, dachte ich, dass mich der Fußballgott nicht mehr mag", beschrieb er die Szene. Das böse Wort vom Chancentod machte immer mal wieder die Runde – dass er aber auch mannschaftsdienlich spielte wie kaum ein anderer und immer ein gutes Auge für den besser postierten Nebenmann hatte, blendeten die Kritiker gern aus.*

Der Hype um Takahara ließ allmählich nach. In seiner zweiten Hamburger Saison wurde er sogar zweimal in die Zweite strafversetzt, traf aber jeweils und überzeugte den damaligen Regionalliga-Coach – es war Thomas Doll, der kurz darauf Klaus Toppmöller beerben und wieder verstärkt auf den Japaner setzen sollte. Der traf insgesamt 13 Mal in 97 Spielen für den HSV, benötigte für 12 weitere Treffer nur eine Saison bei Eintracht Frankfurt.

Wieder so ein Fall von einem Spieler, der seine ganz großen Zeiten vor oder nach seinem Engagement bei den Hamburgern erlebte. Das hatte aber auch gesundheitliche Gründe: Eine zweite Lungenembolie warf ihn 2004 zurück, so verpasste er auch die Asien-Meisterschaft, die Japan gewann. Im Jahr drauf fehlte er beim Confed-Cup wegen eines Muskelfaserrisses, den er sich zum Bundesliga-Abschluss in einem zumindest für den HSV bedeutungslosen Spiel gegen den VfL Bochum zugezogen hatte. Immerhin: Sein WM-Traum erfüllte sich tatsächlich noch 2006 in Deutschland. Takahara bestritt alle drei Vorrundenspiele der Japaner mit, konnte das frühe Aus aber auch nicht verhindern. Zwei Treffer waren ihm unmittelbar vor dem

Turnier beim 2:2 im Testspiel gegen den Gastgeber gelungen, deren Tor mittlerweile von Jens Lehmann gehütet wurde – es waren die allerersten japanischen Treffer gegen eine deutsche Nationalmannschaft. Trotz aller Verletzungs- und Krankheitspausen kam er auf insgesamt 57 Länderspiele und 23 Tore.

Japaner waren vielleicht auch dank „Taka" in der Bundesliga bald sehr angesagt: Junichi Inamoto (Eintracht Frankfurt), Shinji Ono (VfL Bochum) und Makoto Hasebe (VfL Wolfsburg) und vor allem der Dortmunder Shinji Kagawa machten von sich reden. Ein Dauerbrenner wurde Hasebe, der als 38-Jähriger mit Eintracht Frankfurt die Europa League gewann und dessen Vertrag erst nach seinem 40. Geburtstag ausläuft. Sind es die Gene oder ist es der gesunde Lebenswandel? Japaner werden im Durchschnitt nicht nur außerordentlich alt, sondern bleiben auch lange fit. Wie Skispringer Noriaki Kasai, der sich mit 50 Jahren noch von den Weltcup-Schanzen runtertraute.

Auch Taka erwies sich als ein Mann, der nicht so schnell zum alten Eisen zählte. Als in Hamburg die japanischen Wegweiser längst entfernt waren, entwickelte sich Takahara nicht nur wegen seiner Tore zum Publikumsliebling in Frankfurt. Die Fans sangen für ihn „Naohiro Takahara Shalalalala" nach der Melodie von „Freed from Desire". Der Besungene selbst kommentierte diese Einlage so: "Ich war sehr glücklich, als die Fans für mich gesungen haben. Es ist eine meiner wertvollsten

Erinnerungen, dass ich meine Freude nach dem Spiel mit den Fans durch Singen und Tanzen teilen konnte, auch wenn ich wegen meiner Schüchternheit vielleicht etwas verdutzt geschaut habe."

Anfang 2008 wechselte Takahara wieder in die Heimat, doch speziell Hamburg hat offenbar einen großen Eindruck auf ihn gemacht. Nach Abschluss seiner Profilaufbahn gründete er im Alter von 37 Jahren den Okinawa Sport-Verein mit dem Ziel, den Verein langfristig in die J-League zu führen. Der Club musste ganz unten anfangen, kam in seiner ersten Saison auf neun Siege in neun Spielen und 123:1 Tore. Vier Jahre später krönte der Gründer, Präsident und Manager des OSV sich mit 41 Jahren zum Torschützenkönig der japanischen Regionalliga-Champions League, der Aufstiegsrunde zur Vierten Liga.

Takahara will, dass der OSV nicht nur ein Fußball-, sondern ein allgemeiner Sportverein ist - „zweifellos eifern wir dem HSV nach", erklärte er dem Kicker. Und: „Ich bin motiviert und es macht Spaß, bei Null anzufangen. Es ist langweilig, wenn man alles einfach erreicht. Die Einstellung ist vergleichbar zu der Zeit, als ich als erster Japaner nach langer Zeit den Sprung in die Bundesliga gewagt habe."

2022, also geschlagene zwei Jahrzehnte nach seinem ersten Engagement in Deutschland, schaffte

Takahara endlich mit dem kleinen OSV den Sprung in die 4. Liga, die höchste Amateurklasse des Landes. Und vielleicht noch wichtiger: Der Verein, der anfangs über Crowdfunding finanziert wurde, steht mittlerweile längst auf eigenen Beinen und schreibt schwarze Zahlen. Da kann der kleine OSV bisweilen doch ein Vorbild für den großen HSV sein.

Statistik zu Naohiro Takahara:

Geboren am 4. Juni 1970 1953 in Mishima (Japan)
57 Länderspiele für Japan (23 Tore)
135 Bundesligaspiele (25 Tore) für den Hamburger SV und Eintracht Frankfurt
Größte Erfolge: Asienmeister mit Japan 2000 und 2004, AFC-Champions-League-Sieger 1999 mit Júbilo Iwata, Japanischer Meister 1999 und 2002 mit Júbilo Iwata, Südkoreanischer Pokalsieger 2010 mit Suwon Samsung Bluewings, Ligapokalsieger mit dem Hamburger SV 2004

Youtube Video „Naohiro Takahara Goals":

Die dunkle Seite des vielleicht besten Mittelstürmers aller Zeiten

Von Rüdiger Fröhlich

14 Tore in 15 Länderspielen. Alleine in seinen letzten fünf Länderspielen für Deutschland schoss er als Kapitän 10 Tore. Drei deutsche Meistertitel holte er mit dem HSV und schoss unglaubliche 387 Pflichtspieltore für die Hamburger: Sie denken an Uwe Seeler oder Horst Hrubesch? Nein, der Spieler von dem hier die Rede sein soll, stammt aus einer anderen Zeit. Otto Fritz "Tull" Harder war einer der größten Fußballspieler der 20er Jahre und eines der ersten Sportidole in Deutschland, aber auch Kriegsverbrecher in mehreren Konzentrationslagern in der Nazi-Zeit.

Nach dem Ersten Weltkrieg war er der populärste deutsche Sportsmann überhaupt. Harder wurde zu seiner Zeit "König der Mittelstürmer" genannt, die HSV-Fans sangen "wenn spielt der Harder Tull, dann heißt es drei zu null". Seine Stärke waren seine berühmten Alleingänge. Harder war die strahlende Galionsfigur des HSV, „ein kernfester Mann mit heißem Draufgängerherz und kühlem Kopf, den seinerzeit jeder von Flensburg bis Freilassing, von Saarbrücken bis nach Memel kannte", wie es damals hieß. 1929 gewann der Hamburger SV gegen CD Penarol de Montevideo, das fast identisch mit dem Team Uruguays als Doppel-Olympiasieger war und 1930 als erstes Land Fußball-Weltmeister wurde, mit 4:2. Alle vier Tore für den HSV erzielte Tull Harder.

Otto Harder begann seine fußballerische Karriere im Alter von 16 Jahren bei Hohenzollern Braunschweig, bereits ein Jahr später wechselte er zu Eintracht Braunschweig. Zu seinem Spitznamen „Tull" kam Harder 1910 aufgrund eines Spiels der Eintracht gegen die englische Profimannschaft Tottenham Hotspur. Der Engländer Walter Daniel Tull war der erste schwarze Feldspieler im britischen Profifußball und glich dem 1,90 m großen Harder in der Statur. Tull Harder kam dann mit 17 Jahren unter dubiosen Umständen aus Braunschweig nach Hamburg. Fans der Eintracht wollten Harder gewaltsam an der Fahrt nach Hamburg hindern, dieser jedoch hatte Wind von der Aktion bekommen und stieg in Peine in den Zug.

Er war 1,90 Meter groß, dennoch ein herausragender Techniker, ein mitreißender Stürmer, dessen Dribblings kaum zu stoppen waren. Harder leistete im Ersten Weltkrieg Kriegsdienst und erhielt das Eiserne Kreuz zweiter und nach der Erstürmung einer Festung erster Klasse. Im Jahr 1922 stand Tull Harder erstmals mit dem Hamburger SV in einem Endspiel um die Deutsche Meisterschaft. Nach zwei legendären Spielen gegen Nürnberg ohne Sieger verzichtete der HSV auf den Titel und holte sich dann ein Jahr später 1923 durch einen 3:0-Sieg gegen Union Oberschöneweide aus Berlin den Titel. Die Tore schossen Harder (31.),

Breuel (70.) und Schneider (90.). Der blonde Nationalstürmer feierte seine Erfolge oft bis zur Besinnungslosigkeit. Tull Harder galt als Pfundskerl, raufte gerne, soff gerne und rauchte Kette, hatte aber auch ein Faible für preußische Disziplin und Ordnung. Sein Stil als Stürmer war entschieden martialisch: Harder fackelte auf dem Platz nicht lange. Er ging dorthin, wo es weh tat, setzte sich gegen seine Gegenspieler durch und traf.

1924 stand der HSV erneut im Endspiel um die Deutsche Meisterschaft, unterlag aber trotz Überlegenheit 0:2 gegen den 1. FC Nürnberg. Tull Harder fehlte bei den Hamburgern in der Endrunde gegen Sportfreunde Breslau (3:0) und gegen den SV Leipzig (1:0) und war im Finale weit von seiner Normalform entfernt. Im Meisterjahr 1928 markierte Harder mit 36 Jahren einen neuen Fabel-Rekord und erzielte im Spiel gegen den Wandsbeker FC sagenhafte 12 Tore. Harder hatte erneut maßgeblichen Anteil am Gewinn der Meisterschaft und schoss in der Endrunde beim 8:2-Sieg gegen Bayern München wie auch beim 4:0-Sieg gegen den VfB Königsberg je drei Tore. Auch beim 5:2-Finalsieg über Hertha BSC Berlin traf Harder erneut. Reichstrainer Otto Nerz nahm Harder trotzdem nicht mit zu den Olympischen Spielen 1928.

1930 wechselte Harder zum SC Victoria Hamburg, um zwei Jahre später mit 40 Jahren endgültig seine Karriere beim VfB Kiel zu beenden.

„Harder war ein Techniker erster Klasse, aber sein Stil brauchte die Technik, die sich namentlich im ungeheuer sicheren Ballführen klarem Schießen und Köpfen auswirkte, nicht zum Schnörkeln. Sie war ihm zur Voraussetzung seiner ureigensten Art mit einer beispiellosen Sicherheit und Kraft mit einem selten gesehenen explosiven Start auf dem kürzesten Weg auf das Tor zuzusteuern, gegeben. Tull Harder zerbrach sich nicht den Kopf, wie man eine Aktion anlegen konnte, sondern er handelte sofort. Adolf Jäger führte seine Elf mit Raffinesse wie Schachfiguren, Harder dagegen bot so schnell wie es ging Schach!"
(Dr. Friedebert Becker, Kicker)

Danach begann der radikale Absturz vom deutschen Sportidol zum NS-Kriegsverbrecher. Tull Harder wurde 1932 Mitglied der NSDAP und trat 1933 in die SS ein. Harder war zwar kein besonders politischer Mensch, doch Hitlers Ruf nach Revanche für die Niederlage im Ersten Weltkrieg, seine Hetzparolen gegen „Juden, Kommunisten und Asoziale" deckten sich mit den Ansichten des Fußball-Stars. Harder hatte versucht, sich im 2. Weltkrieg freiwillig an die Front zu melden. Aufgrund seines Alters wurde dem aber nicht stattgegeben, sondern er war in den Innendienst gekommen und dann im KZ Sachsenhausen und im KZ Neuengamme Wachmann, später als SS-Hauptscharführer der Kommandant des KZ Hannover-Ahlem. Noch 1945 wurde Tull Harder zum SS-Untersturmführer befördert. 1947 auf der Anklagebank im Curiohaus in Hamburg forderte sein Verteidiger einige englische Sportler und den deutschen Fußballfachmann Dr.

Pecco Bauwens auf, ihn zu entlasten – vergeblich. Während der Verhandlung distanzierte Harder sich nicht vom Nationalsozialismus und bekannte sich „nicht schuldig". Er wurde von der britischen Besatzungsmacht als Kriegsverbrecher zu 15 Jahren Gefängnis verurteilt, kam jedoch schon 1951 wieder frei. Als Harder das Gefängnis verlassen durfte, wurde er von seinen ehemaligen Freunden gemieden.

Der Hamburger SV schloss sein Mitglied vorübergehend aus. Vom HSV-Publikum soll Harder 1952 jubelnd im Stadion begrüßt worden sein. Als Tull Harder am 4. März 1956 im Alter von 63 Jahren starb, war in den Vereinsnachrichten zu lesen: „Nun ist er nicht mehr, aber unsere Gedanken werden noch oft bei ihm weilen und den schönen Stunden gedenken, die er uns bereitet hat und die wir mit ihm erlebten." Am Begräbnis nahmen zahlreiche Vereinsvertreter des Hamburger SV teil, Jugendspieler des Vereins bildeten eine Ehrenwache. Seinen Sarg bedeckte eine HSV-Fahne.

Statistik zu Otto Fritz „Tull" Harder:

Geboren: 25. November 1892 in Braunschweig; † 4. März 1956 in Hamburg

15 Länderspiele (14 Tore)

387 Tore für den Hamburger SV

Größte Erfolge: Deutscher Meister 1922, 1923 und 1928, Torschützenkönig 1921/22, 1922/23, 1925/26 und 1927/28, Tull Harder war erster Nationalspieler des HSV

NDR-Video bei Youtube „Tull Harder – vom Fußballstar zum Nazi":

„Größter Fliegenfänger der Bundesliga"
spielte beim Hamburger SV

Von Rüdiger Fröhlich

Zugegeben, es ist etwas gemein, sich einen Torhüter raus-
zusuchen und ihn als „größten Fliegenfänger der Bundesliga", „größten Transfer-Flop", „schlechtesten Torwart der
Bundesliga-Geschichte" oder einfach als „Missverständnis"
zu betiteln. Doch die Medien in der Hansestadt Hamburg
wie Bild, Mopo, der NDR oder auch die Welt gehen mit ihrem HSV oft hart ins Gericht, wenn die Leistung der Rotho-
sen auf dem grünen Rasen nicht stimmt. Und die Leistung
des Pokalsiegers stimmte im Jahr 1987 einfach absolut gar
nicht. Im Zentrum der Kritik: ein neuer Torwart aus Jugoslawien, Mladen Pralija. Er erlebte mit dem Hamburger SV einen Bundesliga-Start, der wie der schlimmste Albtraum
Wirklichkeit wurde. Es war ein Debüt des Grauens für Pralija. Seitdem wird der Hamburger Torwart meist auch in
Medien-Berichten genannt, wenn es um die angeblich
schlechtesten Torhüter der Bundesliga geht.

Vorweg möchte ich aber ein Hoch auf die Keeper
der Bundesliga aussprechen. Sie gelten als die besten der
Welt, mit Legenden darunter wie Sepp Maier, Rudi Kargus,
Toni Schumacher, Andreas Köpke, Oliver Kahn, Jens Lehmann oder Manuel Neuer. Torwart-Giganten der Bundesliga, nahezu unbezwingbar. Unvergessen, wie „Titan" Oli

Kahn bei der Weltmeisterschaft 2002 in Japan und Südkorea quasi nicht zu überwinden war. Deutschland gewann in den K.o.-Spielen immer mit 1:0, auch in den drei Gruppenspielen musste Kahn nur beim 1:1 gegen Irland ein einziges Gegentor hinnehmen. Wie er am 11. Juni gegen Kamerun den DFB-Sieg mit seinen Paraden festhielt – unfassbar. Bei der Pressekonferenz vor dem Finale gegen Brasilien galt Deutschland als krasser Außenseiter. Oli Kahn nahm dann aber bei der PK in Yokohama neben Rudi Völler Platz und erklärte siegessicher: „Brasilien ist zwar Favorit, aber sie müssen erst mich überwinden. Und das wird nicht passieren." Worte voller Macht. Ohne jeglichen Zweifel. „Oh Mann, Oliver Kahn hat ja Recht. Wie will man gegen den bloß ein Tor machen?", grübelten viele Reporter aus aller Welt. Ihre Lösung im allerersten Moment: „Das Finale geht wohl 0:0 aus, muss ins Elfmeterschießen." Die Geschichte mit Kahns gebrochen Mittelfinger im WM-Finale ist bekannt – und vielleicht hätte der ehrgeizige Titan in dem Spiel gegen Brasilien Jens Lehmann den Platz im Tor überlassen sollen.

Auch Sepp Maier, Toni Schumacher oder Andreas Köpke galten zu ihrer Zeit als die wohl besten Torleute der Welt. Oder der legendäre Elfmeterkiller Rudi Kargus vom HSV, der sage- und schreibe 24 Strafstöße parieren konnte. Von Manuel Neuer ganz zu schweigen...

Doch obwohl in der Bundesliga die wohl besten Torhüter der Welt spielen, gibt es immer wieder eine Nummer 1, die von den Fans als Fliegenfänger, Flutschfinger oder Katastrophen-Keeper bezeichnet wurden. In verschiedenen Medien wurden zum Beispiel auch Herman Rülander von Werder Bremen, Miro Vabrovic vom 1. FC Köln, Heinz Rohloff von Tasmania Berlin, Olli Isoaho von Arminia Bielefeld, Felix Wiewald (Werder Bremen und Eintracht Frankfurt) oder Tomas Koubek vom FC Augsburg als einer der schlechtesten Torhüter der Bundesliga genannt.

Ein weiterer dieser „Pleite-Keepern" folgte ausgerechnet einem Weltklasse-Torwart, nämlich Uli Stein vom Hamburger SV. Nach zwei Skandalen („Suppenkasper-Eklat" bei der WM 1986 und der Faustschlag gegen „Kobra" Wegmann vom FC Bayern 1987), entschied sich der HSV, seinen langjährigen Spitzentorhüter Uli Stein zu feuern. Kurz danach nahm das Übel des Jugoslawen Mladen Pralija seinen Lauf. „Pralija ist der beste Torwart Osteuropas", sagte HSV-Coach Josip Skoblar seinem Manager Felix Magath. Der Jugoslawe sei der neue Star am europäischen Torwarthimmel – und so wurde auf Wunsch vom Trainer die neue Nummer 1 von Hajduk Split verpflichtet.

Am 8. August 1987 tritt der Pokalsieger und Tabellenführer Hamburger SV mit seinem neuen Keeper Mladen Pralija im Olympiastadion gegen Bayern München an – es wurde für ihn ein Debüt des Grauens. Die Bayern gewannen gegen den HSV mit 6:0. Vier der sechs Gegentore durch Jürgen Wegmann (2), Lothar Matthäus (2), Michael Rummenigge und Roland Wohlfahrt gingen auf die Kappe von Pralija. Der Torwart leistete sich dabei teils haarsträubende Fehler, irrte merkwürdig durch den Strafraum, ließ einfache Bälle fallen und überraschte damit das Publikum, den FC Bayern und auch die eigene Mannschaft um gestandene HSV-Stars wie Manfred Kaltz, Dietmar Jakobs, Dietmar Beiersdorfer, Thomas von Heesen oder Miroslav Okonski.

Obwohl die Hamburger mit dem damals 19-jährigen Richard Golz ein Torwart-Juwel auf der Bank hatten, hielt Trainer Skoblar an seiner neuen Nummer 1 fest. Das Problem: Was desaströs für Torwart Pralija begann, wurde im Laufe der Saison kaum besser. In den nächsten zwei Spielen kassierte der Keeper aus Jugoslawien beim 3:3 gegen Hannover 96 und beim 2:2 beim SV Waldhof Mannheim wieder viele Gegentore. „Für ihn war die ganze Konstellation extrem schwierig. Gleich das erste Erlebnis wirkte sich traumatisch aus, als er bei seinem ersten Auftritt in München sechs Stück kassierte", erklärte Teamkollege Richard Golz in einem Interview mit der Tageszeitung „Die Welt". „Überhaupt war die Mannschaft nicht unbedingt begeistert davon, dass Uli Stein weg war. Es gab viele Spieler, die ihn gerne wieder zurück haben wollten, schließlich war er zunächst nur suspendiert."

Nach 11 Gegentreffern in seinen ersten drei Spielen musste Pralija mit dem HSV Zuhause gegen den Aufsteiger Karlsruher SC ran. Die Hamburger verloren mit 0:4. Nach nur vier Spielen standen für Mladen Pralija bereits 15 Gegentore auf seinem persönlichen Zettel. Der Torhüter soll vor den Spielen immer extrem angespannt gewesen sein. „Hinzu kamen Sprachprobleme. Deutsch hat er nicht besonders gut verstanden. Schließlich blieb seine Familie in der Heimat", so Golz weiter. „Er war gerade Vater geworden und saß in Hamburg alleine in seiner Wohnung."

Am zehnten Spieltag der Saison 1987/88 kommt es erneut zu einer denkwürdigen Partie für die Hamburger, aber auch für Mladen Pralija. Der Torhüter verletzt sich früh im Spiel bei Borussia Mönchengladbach am Kopf. Trotzdem spielt der Jugoslawe mit einem blutigen Turban zunächst mutig weiter. In der 27. Minute musste Trainer Josip Skoblar seinen Keeper dann aber doch auswechseln. Problem: Zu diesen Zeitpunkt stand es schon 3:1 für Gladbach. Der HSV verlor am Ende mit 2:8.

Die HSV-Fans forderten wütend den Rauswurf des jugoslawischen Trainer-Torwart-Duos. Nach der 0:2-Niederlage gegen Bayer Leverkusen am 15. Spieltag zog Manager Felix Magath dann die Reißleine und feuerte Coach Josip Skoblar. Der neue Hamburger Trainer Willi Reimann wechselte als ersten Schritt seine Nummer 1, Mladen Pralija musste auf die Bank. Der neue HSV-Keeper Richard Golz holte im nächsten Spiel mit seinem Team ein 0:0 gegen Werder Bremen und blieb immerhin ohne Gegentreffer.

„Er war nicht so schlecht, wie er gemacht wurde, aber es war einfach insgesamt kein gelungener Transfer", erklärte Richard Golz in dem Gespräch mit der „Welt".

Mladen Pralija wechselt kurze Zeit später zusammen mit seinem Trainer Skoblar zurück in seine Heimat zu Celik Zenika. In 14 Spielen für den Pokalsieger Hamburger SV kassierte er 30 Gegentore. Er gilt seitdem nicht nur als größtes Missverständnis in der Geschichte der Hamburger, sondern laut der „Welt" auch als der größter Fliegenfänger der Bundesliga. „Vom ersten Tag an war für mich die Situation völlig konfus. Ich hatte keine Wohnung, meine Frau Sonia war noch in Split, bekam wenig später unseren Sohn Ivan. Und ich allein in Hamburg. Keiner vom Verein half mir. Ich verstand die Sprache nicht", sagte Mladen Pralija im Dezember 1987 dem „Hamburger Abendblatt" zu seiner schweren HSV-Zeit. „Natürlich habe ich Fehler gemacht, aber die anderen auch. Ich war der Sündenbock für die schlechten Leistungen des HSV."

Statistik zu Mladen Pralija:

Geboren: 28. Januar 1959 in Sibinik (Jugoslawien)
14 Bundesligaspiele
Vereine: Hajduk Split, RNK Split, HNK Sibenik, Hamburger SV, NK Pazinka Pazin, Toronto Croatia

WDR-Video „Der schlechteste Bundesligatorhüter aller Zeiten":

Die drei Weltmeister vom HSV, die kaum einer auf dem Zettel hat

Von Christina Rath

Ob Uwe Seeler, Horst Hrubesch oder Felix Magath – der Hamburger SV hat viele Legenden hervorgebracht. Doch nur zwei HSV-Spieler sind (bislang) tatsächlich Weltmeister geworden. Genau genommen drei, wenn man den Kaiser dazu zählt, der in seiner langen Karriere auch mal kurz beim Hamburger SV gespielt hat: Insgesamt 28 Spiele bestritt Franz Beckenbauer von 1980 bis 1982 beim HSV und gewann mit ihm 1982 auch einen Meistertitel. Beckenbauer war 1974 Kapitän der deutschen Nationalmannschaft und 1990 ihr Teamchef.

Lange vor dem Kaiser wurden zwei andere Kicker des HSV Weltmeister: Jupp Posipal und Fritz Laband gehörten zu den Helden von Bern.

Fritz Laband kam bei der WM 1954 in der Schweiz in vier Spielen zum Einsatz. Der damals 28-Jährige spielte dort in den beiden Begegnungen der Vorrunde gegen die Türkei, die die Deutschen mit 4:1 und 7:2 gewannen, außerdem war er im Viertelfinale beim 2:0 gegen Jugoslawien dabei, nicht aber beim Endspiel gegen Ungarn. In der Nationalmannschaft wurde Laband übrigens nicht wie sonst „Fritz", sondern bei seinem richtigen Namen Friedrich gerufen, damit es keine Verwechslungen gab.

Laband stammte aus einer Eisenbahnerfamilie und wurde 1925 in Hindenburg in Oberschlesien geboren. Dort begann er auch mit dem Fußballspielen. Mit 18 Jahren kickte er bereits in der 1. Mannschaft des SC Preußen Zaborze. Nach dem zweiten Weltkrieg flüchtete die Familie aus Oberschlesien nach Wismar, wo Laband seine Fußballkarriere beim ZSG Anker Wismar fortsetzte. Der gelernte Elektriker spielte in der DDR-Auswahl und bei einem Testspiel in Berlin 1950 wurden Späher des Hamburger SV auf ihn aufmerksam und Laband ließ sich überzeugen, nach Hamburg zu wechseln.

Ab da spielte Laband im Westen, was ihm die DDR nie verzieh und ihm eine Einreise auf Lebenszeit verweigerte. Für den HSV machte der Abwehrspieler, der links wie rechts eingesetzt werden konnte, von 1950 bis 1956 insgesamt 143 Spiele. In der Saison 1956/57 wechselte er für 10 Oberligaspiele zu Werder Bremen und kehrte dann nach Hamburg zurück, um für ein Jahr für Grün-Weiß Hamburg 07 zu spielen, der Werksmannschaft von "Betten-Holm", seinem vorherigen Arbeitgeber. Dessen Chef beschäftigte über 70 bekannte Spieler bei sich, auch Posipal.

Verletzungen beendeten die Fußballkarriere von Fritz Laband früh. Ein komplizierter Kreuzbandriss kurz nach der WM machte ihm auch Jahre danach zu schaffen und läutete sein Ende seiner Karriere auf dem Platz ein.

Nach seiner Fußballkarriere eröffnete Laband eine Gaststätte in Hamburg, geriet aber schnell in finanzielle Schwierigkeiten. Er arbeitete wieder als Elektriker. Doch dann wurde bei dem langjährigen Raucher Kehlkopfkrebs diagnostiziert und er starb 1982 mit nur 56 Jahren in Hamburg.

Labands HSV-Kollege Josef „Jupp" Posipal bestritt bei der Weltmeisterschaft 1954 fünf der sechs möglichen WM-Spiele – nur beim Viertelfinale gegen Jugoslawien spielte Laband statt Posipal. Als 27-Jähriger stand er auch im Finale in Bern gegen Ungarn als rechter Verteidiger auf dem Platz und leistete hier Schwerstarbeit: In der ersten Halbzeit hielt er Mihály Tóth und in der zweiten Halbzeit den gefährlichen ungarischen Linksaußen Zoltán Czibor in Schach – letzteren kannte er übrigens seit Kindertagen aus Schule und Fußballverein. Herbert Zimmermann in seiner legendären Radio-Reportage: „Czibor zieht den Ball vor das Tor! Und was passiert? Posipal hat gestoppt. Souverän gestoppt auf der Fünf-Meter-Linie. Und spielt gleichzeitig geschickt ab nach vorne zu Rahn."

Posipal wurde 1927 im rumänischen Lugoj geboren. Sein Vater war Bäcker und starb sehr früh. Posipal selbst war sehr sportlich und kam über Handball, Tischtennis, Skifahren, Rudern, Schlittschuhlaufen, Schwimmen und Leichtathletik schließlich zum Fußball. Mit 16 Jahren verließ er Rumänien, absolvierte bei Hannover eine Lehre zum Maschinenschlosser und spielte vor allem intensiv Fußball.

Nach dem zweiten Weltkrieg spielte er beim SV Arminia Hannover in der Oberliga. Sein Trainer und Förderer Georg Knöpfle nahm ihn dann 1949 mit zum Hamburger SV, wo Posipals Karriere richtig Fahrt aufnahm. In der Oberliga Nord konnte er mit dem HSV in neun Runden acht Meisterschaften feiern, 1956 erreichten sie das DFB-Pokalfinale, unterlagen dort aber dem Karlsruher SC.

Posipals Zeit in Hamburg war eine Erfolgsgeschichte. Seine bescheidene Art machte ihn bei allen beliebt. Insgesamt 250 Oberligaspiele bestritt er für den HSV und er engagierte sich für die Integration der Jugendspieler, darunter Uwe Seeler, der über ihn sagte: "Lob war ihm zwar peinlich, aber wenn er im Kreis der Mannschaft hervorgehoben wurde, standen ihm manchmal schon die Tränen in den Augen." Als Posipal 1958 seine Karriere beim HSV beendete, überreichten ihm die Hamburger zum Abschied einen Goldenen Ehrenring mit dem HSV-Wappen, mit 16 Brillanten, vier blauen indischen Saphiren und einem Onyx.

Höchst erfolgreich war auch Posipals Karriere in der Nationalmannschaft. Trainer Sepp Herberger hatte ihn schon früh auf dem Plan, konnte ihn aber erst einsetzen, als seine Staatsbürgerschaft geklärt war. Herberger selbst besorgte ihm die nötigen Papiere, so dass Posipal im Frühling 1953 in der Nationalelf starten konnte. Sein Einsatz in der Europauswahl gegen England brachte ihm den Spitznamen „der Kontinentstopper" ein.

1956 beendete Posipal nach 32 Länderspielen seine Nationalmannschaftskarriere, auch wenn Sepp Herberger mit einem Brief versuchte, ihn umzustimmen. Er arbeitete in Hamburg als Handelsvertreter für einen Möbel-Hersteller und trainierte eine Jugendmannschaft des HSV. Auch Posipal wurde nicht alt. Mit 69 Jahren starb er 1997 bei einer Routineuntersuchung in einem Hamburger Krankenhaus an Herzversagen. "Jupp war einer der Größten, die der HSV jemals hatte", sagte Uwe Seeler damals. „Ein Riesenverlust. Für mich war er eine Vaterfigur, und für den Hamburger SV wird er ein Leitbild bleiben, über das Spiel hinaus. Er war einmalig und herzensgut."

ZDF-Video „Das Wunder von Bern – die wahre Geschichte":

Als der HSV aus Stolz auf die
Deutsche Meisterschaft verzichtet hat

Von Rüdiger Fröhlich

Es waren unzweifelhaft die spannendsten, längsten und härtesten Endspiele um die Deutsche Meisterschaft aller Zeiten – die beiden legendären Finals zwischen dem 1. FC Nürnberg und dem Hamburger SV im Jahre 1922. Der HSV stand erstmals im Endspiel. Sechs Sonderzüge mussten eingesetzt werden, um die HSV-Fans nach Berlin zu bringen. Rückblende: Berlin, 18. Juni, 30.000 Zuschauer im Berliner Grunewaldstadion. Die Luft drückt bei 27 Grad, nachdem es kurz vor dem Anpfiff um 17 Uhr aufgehört hatte zu regnen. Der Titelverteidiger aus Franken, technisch einmalig beschlagen mit seinem grandiosen Torhüter Stuhlfauth und den kleinen Stürmern Träg, Böß und Popp auf der einen Seite, die robusten, kämpferischen Hamburger mit ihrem wuchtigen Stürmer Tull Harder auf der anderen Seite.

1:0 geht der HSV in Führung, Torschütze ist der Teenager Hans Rave. Ein Affront gegen die technisch überlegenen Nürnberger. Träg schnappt sich direkt nach Wiederanpfiff den Ball, marschiert durch die gesamte HSV-Abwehr und gleicht postwendend aus drei Metern aus. Schon wenige Minuten später fällt das 1:2 durch Popp. Ein weiterer Nürnberger Treffer, bei dem Träg den Hamburger Torwart Martens samt Ball über die Torlinie rannte, wurde von Schiedsrichter Dr. Peco Bauwens nicht anerkannt. Erst fünf

Minuten vor dem Abpfiff gelingt dem HSV noch der Ausgleich. Flohr markiert für den Hamburger SV das 2:2. Die Verlängerung lässt das Spiel noch härter und verbissener werden. 19 Mal tragen Sanitäter bei dem Endspiel in Berlin verletzte oder entkräftete Spieler vom Platz, vier bis fünf Zähne bleiben auf dem Platz, ehe Schiedsrichter Dr. Bauwens nach fast vier Stunden tief in der Verlängerung beim Stand von 2:2 die Kräfte schwinden. Er war ausgelaugt, völlig erschöpft. Die Spieler beider Mannschaften wollten weitermachen. Die einbrechende Dunkelheit ließ ein Weiterspielen jedoch auch nicht zu. Kein Deutscher Meister, es gab nur einen Ausweg: Ein Wiederholungsspiel wurde vom DFB angesetzt.

Bert Merz und Ludwig Dotzert schreiben in ihrem Buch »Meister auf dem grünen Rasen« (Lampert Verlag, 1962):

»Die Endspiele des Jahres 1922 – sie sind von der Erinnerung vergrämt und in den Chroniken verschönt und umflort worden mit romantischem Beiwerk. Es waren in Wirklichkeit Spiele, die, jedes für sich, zu Schlachten ausarteten. Es gab böse Fouls auf beiden Seiten. Nur Männer konnten diese beiden Rosskuren überstehen.«

Das zweite Finale in Leipzig am 6. August 1922 fand eine Resonanz wie bis dato kein zweites Fußballspiel in Deutschland. Der Platz des VfB fasste 40.000 Zuschauer, 60.000 waren aber da, um das einmalige Kräftemessen mitzuerleben. Sonderzüge aus allen Teilen Deutschlands trafen ein. Diesmal griff Schiedsrichter Dr. Bauwens bei dem erneut extrem umkämpften Match jedoch härter durch. Nach 30 Minuten wurde Nürnbergs Mittelstürmer Böß, dem der Gaul durchgegangen war, vom Platz gestellt. Trotzdem geht der Club in Unterzahl spielend in der 48. Minute durch Träg in Führung. Schneider gleicht in der 69. Minute für den HSV aus. Kurz danach fliegt Nürnbergs Kugler vom Platz, der im ersten Finale die Zähne verloren hatte. Dennoch rettet sich der Club in die Verlängerung. In der 100. Spielminute verweist Bauwens dann auch noch Nürnbergs Träg nach üblem Foul an seinem Gegenspieler Beier vom Feld. Elf Hamburger und acht Nürnberger stehen noch auf dem Platz. Nach unglaublichen vier Stunden Spielzeit und 54 Minuten bricht Nationalspieler Popp vom Club völlig entkräftet zusammen. Bauwens bricht das zweite Endspiel beim Stand von 1:1 ab, da Nürnberg nur noch sieben Spieler auf dem Feld hat.

Medien titelten über die legendären Spiele zwischen dem HSV und dem Club »Das längste Endspiel der Geschichte: Ein Schlachten war's«, »Die Endspiel-Dramen 1922«, »Das ewige Endspiel « oder »Das unendliche Endspiel".

Auf dem DFB-Bundestag zu Jena wurde dann gemäß § 111 Abs. 4 der DFB-Satzung die Entscheidung getroffen, den Hamburger SV zum Meister zu küren, weil der Club "durch das unsportliche Verhalten zweier seiner Mitglieder, das dann deren Ausschließung zur Folge hatte, den Abbruch selbst verschuldete". Doch der HSV verzichtete auf den Titel.

Die Sympathien der Fußballfans aus ganz Deutschland flogen ihm zu. In den Statistiken wird für das Jahr 1922 zwar kein Deutscher Meister geführt. Irgendwie gibt es den gefühlten Meister 1922 aber doch, und zwar gleich zwei Mal: Auf der damaligen Meisterschale, der Viktoria, wurden nämlich der HSV und Nürnberg eingraviert.

Statistik:
Finale, 18. Juni 1922 im Berliner Grunewaldstadion
HSV: Martens, Beier, Schmerbach, Flohr, Halvorsen, Krohn, Kolzen, Breuel, Harder, Schneider, Rave.
1. FC Nürnberg: Stuhlfauth, Barg, Grünerwald, Köpplinger, Kugler, Strobel, Popp, Böß, Träg, Sutor.
Tore:
1: 0 Rave (19.)
1:1 Träg (20.)
1:2 Popp (30.)
2:2 Flohr (85.)
Zuschauer: 30.000

Finale, 6. August 1922 im Leipziger VfB-Stadion
HSV: Martens, Beier, Agte, Flohr, Halvorsen, Krohn, Kolzen, Breuel, Harder, Schneider, Rave.
1. FC Nürnberg: Stuhlfauth, Barg, Kugler, Köpplinger, Reitzenstein, Riegel, Strobel, Popp, Böß, Träg, Sutor.
Tore:
0:1 Träg (49.)
1:1 Schneider (69.)
Zuschauer: 60.000

Wie eine Papierkugel die Titelträume des Hamburger SV zerstörte

Von Andreas Safft

Die Franz-Böhmert-Straße 1 in Bremen ist eine Adresse, die HSV-Fans höchst ungern ansteuern. Direkt zwischen Osterdeich und Weser findet sich nicht nur das Weserstadion, die Heimat des Erzrivalen SV Werder Bremen, sondern auch das Wuseum. Klein, aber fein ist dieses Museum, voll mit Erinnerungsstücken, Fotos und Trophäen. Gut geschützt hinter Plexiglas ist eine Papierkugel – das wohl teuerste Stück Altpapier in der norddeutschen Fußballgeschichte.

4510 Euro hat Werder-Fan Matthias Seidel für die Kugel bezahlt, um sie dann dem Wuseum zu schenken. Deutlich teurer kam dieses Stück Papier, dessen Form ein wenig an ein Gehirn erinnert, den HSV, denn es leitete am 7. Mai 2009 den K.o. der Hamburger im Uefa-Cup gegen Werder ein. Höhepunkt der verrückten Derbywochen, Tiefpunkt für die Hamburger, die innerhalb von 19 Tagen drei Titelchancen verspielten. Alle drei gegen den ungeliebten Nachbarn.

Eigentlich gibt es für den Rautenclub ja zwei wichtig Derbys. Das Stadtderby gegen den FC St. Pauli, das seit den 1980er-Jahren auch ein Politikum war – der noble Ex-

Meister, -Pokalsieger und -Europapokalsieger gegen den flippigen Stadtteilclub. Um Bundesliga-Punkte spielten die Lokalrivalen aber nur in acht gemeinsamen Spielzeiten, um Zweitliga-Punkte seit 2018 regelmäßig.

Zum Klassiker dagegen entwickelte sich das Duell HSV gegen Werder, sozusagen die Fischkopp-Variante des Revierderbys Dortmund gegen Schalke. Von der Gründung der Bundesliga bis 2018 waren beide Mannschaften stets erstklassig, unterbrochen nur von der Saison 1980/81, in der die Bremer eine Ehrenrunde durch die 2. Liga drehten.

2009 fand sich der HSV im April direkt vor den Derbywochen auf Platz drei der Fußball-Bundesliga wieder, punktgleich mit dem Zweiten Bayern München und nur drei Zähler hinter dem späteren Meister VfL Wolfsburg, gecoacht von der HSV-Ikone Felix Magath. Im DFB-Pokal und im Uefa-Cup stand das Team zudem im Halbfinale – beide Male gegen Werder Bremen. Der niederländische Trainer Martin Jol hatte eine gut funktionierende Mannschaft geformt, die zwar nicht die ganz großen Stars in ihren Reihen hatte, aber voller Selbstvertrauen ans Werk ging und heiß auf Erfolge war.

„Eigentlich jeder im Verein verlangte in dieser Saison den ersten Titel seit 1987", erinnert sich der damalige Hamburger Vorstandschef Bernd Hoffmann, „das ging uns im Vorstand nicht anders. Die Saison lief einfach gut, wir waren vom Trainer überzeugt und sahen Werder als starken, aber schlagbaren Gegner." Bremen als damals amtierender Vizemeister war in der Liga jenseits von gut und böse, konnte sich nur noch über einen der Pokalwettbewerbe erneut für das internationale Geschäft qualifizieren.

Vier Spiele innerhalb von 19 Tagen standen für den HSV gegen die Bremer an. Es ging los mit dem DFB-Pokal im Volkspark. Nach 120 aufwühlenden Minuten stand es 1:1. HSV-Keeper Frank Rost hielt ebenso großartig wie sein Bremer Gegenüber Timo Wiese. Letzterer allerdings parierte auch im Elfmeterschießen die Versuche von Jérôme Boateng, Ivica Olić und Marcell Jansen. Perfekt war der Finaleinzug in der Höhle des Hamburger Löwens.

Nach der letzten Parade flitzte Wiese die gut 100 Meter Richtung Fankurve der Gäste an allen Teamkollegen im Usain-Bolt-Tempo vorbei, brüllte euphorisiert "Scheiß HSV" in ein Megafon. Das kostete 8000 Euro Strafe an den DFB und bescherte ihm endgültig den Status des meistgehassten Torwarts in Hamburg. Doch in Bremen liebten sie ihn, damals jedenfalls noch. „Wir hatten da hinten im Tor ja jemand stehen, der dieses Selbstbewusstsein nach außen dokumentiert hat – ein Selbstbewusstsein, das der Gegner so nicht hatte", analysierte Verteidiger Frank Baumann.

Eine Woche später revanchierte sich der HSV mit einem 1:0 bei den Bremern im Hinspiel des Uefa-Cups durch ein Kopfballtor von Piotr Trochowski – kein schönes

Geschenk für Werder-Trainer und Geburtstagskind Thomas Schaaf. Gewonnen war damit natürlich noch gar nichts, denn es stand ja das Rückspiel an diesem 7. Mai 2009 an, den Anhänger beider Teams wohl niemals vergessen werden. Olić legte für die Hamburger vor, Diego und Claudio Pizarro drehten die Partie. Da damals noch die Auswärtstorregel galt, wäre Werder mit einem 2:1-Sieg weiter gewesen. Es ging richtig giftig auf dem Platz zu, vor allem Bremens Regisseur Diego musste sich viel gefallen lassen und handelte sich noch eine Gelbsperre fürs Finale ein.

Der HSV schmiss alles nach vorn. Doch dann folgte der große Auftritt der Papierkugel in der 83. Minute: HSV-Verteidiger Michael Gravgaard wollte den Ball zu Rost passen. Der Däne setzte gut drei Meter vor der Grundlinie zum Schuss an, doch der Spielball hoppelte zwischen seinen Füßen über die Papierkugel, hüpfte über Gravgaards Fuß. Ein Stockfehler, der kaum einem Kreisliga-Kicker unterlaufen würde – so sieht die Szene aus, wenn man das störende Stück Papier nicht wahrnimmt.

Gravgaard: "Ich habe mich voll auf den Ball konzentriert, und plötzlich sprang der einfach weg." Es gab Eckball. Baumann erzielte im Nachsetzen per Kopf nach Diegos Hereingabe das vorentscheidende 1:3. Olić verkürzte zwar noch auf 2:3, doch die Bremer schaukelten den Sieg nach Hause und warfen die Hamburger innerhalb von zwei Wochen aus dem zweiten Wettbewerb.

Hohn und Spott bekam der HSV gratis dazu. "Hamburg gibt sich die Kugel", titelte der Spiegel. "Nur ein kleines Stück Papier" aus der Feder von Wolfgang Petry wurde ein Hit in Bremer, aber nicht unbedingt in Hamburger Fankneipen. „Das Papier stand doch im Abseits", kommentierte ein Fußball-Experte die Szene auf Youtube. Ein anderer hoffte gar auf ein Wiederholungsspiel, falls nachgewiesen werden könnte, dass ein Bremer das Objekt auf den Rasen geworfen hatte.

Es war allerdings offenbar ein Überbleibsel einer riesigen Hamburger Choreografie mit 45.000 Dekorbögen in blau, schwarz und weiß, geplant von der Ulta-Gruppierung "Chosen Few" – ein klassisches Eigentor also. Hatte der Stadionsprecher nicht dringend darum gebeten, nichts auf den Platz zu werfen? Gut fünf Minuten vor ihrem großen Einsatz lag das gute Stück bereits bei einem Freistoß von Diego auf dem Rasen. Hatte sich bei einem HSV-Fan die Anspannung kurz vor dem Eintritt in die Schlussphase im Zerknüllen und Werfen eines weißen Bogens entladen. Wir werden es wohl nie erfahren – am wenigsten von dem oder der Schuldigen selbst.

Kurz nach dem Schlusspfiff präsentierten Sat.1-Moderator Oliver Welke, mühsam ein Grinsen unterdrückend, und Experte Mirko Slomka das Papier, das Gravgaard wütend vom Feld gekickt und ein Mitarbeiter des Senders gleich darauf aufgelesen hatte. "So ist das eben in solchen

Spielen. Die Kleinigkeiten entscheiden", stellte Rost angesichts dieses Corpus Delicti frustriert fest.

Die Werderaner feierten hingegen diesen Triumph ausgiebig. In einem Wiki-Beitrag war zu erfahren, dass der volle Name des Flugobjekts "Die Papierkugel Gottes" lautete und dass der Marktwert "unverkäuflich"sei. War die Kugel aber nicht. Nachdem schon Dutzende von Kugeln aus fragwürdigen Quellen bei eBay ohne großen Erfolg angeboten worden waren, entschied sich Sat.1 für eine Auktion des Originals für einen guten Zweck.

Matthias Seidel, Gründer und Geschäftsführer von *Transfermarkt*.de, sicherte sich das "Stück Zeitgeschichte" für 4510 Euro. Er outete sich nicht nur als Werder-Fan ausgerechnet aus Hamburg, sondern auch als Vertreter einer insgesamt zwölfköpfigen Bietergemeinschaft, die das gute Stück für das Wuseum erhalten wollte.

Das Geld ging an ein Kinderhospiz in Syke, die Kugel ins Wuseum, wo sie bis heute eines der beliebtesten Ausstellungsstücke ist – zumindest bei Nicht-HSV-Fans. Für die Hamburger hingegen war die Zeit der Leiden längst noch nicht vorbei. Nur drei Tage nach dem Kugel-Drama empfing der HSV die Bremer in der Bundesliga. Für Hamburg ging es um den Anschluss an die Spitze, für Bremen in der Liga eigentlich um nichts mehr. Und trotzdem gewann Werder 2:0 durch zwei Treffer von Hugo Almeida.

"Ich kann Bremen nicht mehr sehen." Martin Jol sprach nach diesem Vierer-Derbypack wohl allen Hamburgern aus der Seele. Bremen holte später wenigstens den DFB-Pokal, scheiterte im Uefa-Cup-Finale ohne Diego aber an Donezk. Für den HSV kam es aber noch viel dicker. Er rutschte noch ab auf Platz fünf, musste sich statt mit der Champions League mit einem Platz in der neu gegründeten Europa League bescheiden. "Das war die erfolgreichste Saison seit 20 Jahren mit zwei Halbfinals und Platz fünf in der Liga. Geradezu traumhaft!", kommentierte Clubboss Hoffmann mit etwas Abstand.

Unmittelbar nach der Serie aber war die Gemütslage total anders, verriet Hoffmann: "Wir haben die Spiele damals analysiert und die vollkommen falschen Schlüsse gezogen. Wir haben uns das doppelte Ausscheiden als Klub und als Führung komplett angezogen und es als Desaster gewertet." Das wirkliche Desaster sollte aber erst noch folgen: Hofmann traf sich mit Trainer Jol und Sportvorstand Dietmar Beiersdorfer zu einer Aussprache in einem Hamburger Hotel. Jol wollte mehr Macht, bekam sie nicht – und floh Richtung Ajax Amsterdam. Auch Beiersdorfer überwarf sich mit Hoffmann und verabschiedete sich nach sieben sportlich wie finanziell recht erfolgreichen Jahren vom HSV. "Mit einer guten Paartherapie hätten wir all das verhindern können", räumte Hoffmann später in einem Interview mit der FAZ ein.

Statistik: UEFA-Cup-Halbfinale Rückspiel Hamburger SV – Werder Bremen 2:3:

7. Mai 2009 in der HSH-Nordbank-Arena

HSV: Rost, Demel, Gravgaard, Mathejsen, Jansen, Jarolim, Alex Silva, Pitoipa, Trochowski, Petric, Olic.
Werder Bremen: Wiese, Fritz, Mertesacker, Naldo, Boenisch, Baumann, Frings, Özil, Diego, Rosenberg, Pizarro.
Tore:
1: 0 Olic (12.)
1:1 Diego (29.)
1:2 Pizarro (69.)
1:3 Baumann (83.)
2:3 Olic (87.)
Zuschauer: 51.000 (ausverkauft

NDR-Video „Der HSV und das Pech mit der Papierkugel":

NDR-Video „Der HSV und das Pech mit der Papierkugel":

Unfassbare Fußball-Geschichten – die Serie

Kennen die unglaubliche Geschichte vom blauen Armband von Darmstadt 98? Erinnern Sie sich an den Bundesliga-Schiri, der nach 32 Minuten zur Halbzeit pfiff?

Taschenbuch: 56 Seiten

- **Preis:** 4,99 Euro

- **E-Book:** 2,99 Euro

Wussten Sie, dass ein deutsches Bundesland mal eine eigene Nationalmannschaft hatte? Oder, dass ein Kicker aus der 8. Liga plötzlich zum 20-Millionen-Stürmer wurde?

Taschenbuch: 60 Seiten

- **Preis:** 4,99 Euro

- **E-Book:** 2,99 Euro

Wussten Sie, dass Nordkorea den Wechsel von Franz Beckenbauer zu Inter Mailand verhindert hat? Kennen Sie die beiden Eckball-Könige der Bundesliga, die acht Ecken direkt verwandelt haben?

Taschenbuch: 68 Seiten

- **Preis:** 5,99 Euro

- **E-Book:** 2,99 Euro